THE PSYCHOLOGY 일상의 심리학 OF EVERYDAY LIFE

심리학이란 무엇인가

일상의 심리학

김영진

맵씨터

| 머리말 |

살아가기의 심리학

우리는 살아가며 다양한 심리 현상에 직면하게 된다. 누구라도 이러한 심리현상의 원인에 대해 궁금해 한 적이 있을 것이다. 자신의 심리, 즉 마음 작용이 궁금하기도 하고, 사회생활을 하며 겪게 되는 여러 어려움이나 고통의 심리적 원인이 궁금하기도 하다. "대뇌가 작용하는 방식", "우리가 경험하는 착시", "나이 들며 느끼는 시간 흐름", "스트레스와 질병", "우울증에 빠지는 기제" 등이 예가 될 것이다. 필자가 동료와 함께 〈일상의 심리학〉이란 칼럼을 쓰며, 이런 궁금증에 대한 답을 나름대로 정리해 독자들과 나누어야겠다는 것이 이 책의 출발점이었다.

물론 사람들이 경험하는 모든 궁금증을 알 수도 없고, 혼자 다 열거하기도 힘들기에 나름대로 방향을 잡는 일부터 시작했다. 보통 심리학에 관심이 있는 독자들이 읽게 되는 책들이 소위 말하는 심리학개론이다. 그리고 이들 개론서를 훑어본 독자들은 알겠지만 책에서 다루는 주제들이 거의 대동소이하다. 즉, 구체적인 내용들은 다소 차이가 있더라도 다루고 있는 주제들은 거의 같다고 할 수 있다. 전반적인 소개에서 시작해, 대뇌, 감각과 지각, 의식, 학습 기억, 정서와 동기, 언어와 사고, 성격, 사회심리, 이상심리 순서로 구성되어 있다. 이 작업을 함께 시작한 필자와 동료도 이를 따라 칼럼을 집필해 나갔다. 하지만 이 책에서는 이를 지키지 못했다. 모든 주제를 균형 잡아 같은 분량으로 다루지는 못했기에 나중에 보충하는 작업을 해야겠다는 생각이다.

더구나 이제 본격적인 공부를 시작해야 하는 대학생과 고등학생 독자를 염두에 두다 보니 어떤 다른 주제보다 학습, 즉 공부하기와 기억에 관한 내용들이 많이 포함되었다. 변명 같이 들릴지 모르겠지만 부연 설명하자면, 현대 사회와 같은 ICT 환경에서는 수많은 정보를 효율적으로 관리하고 자기화시키는 학습이 점점 중요해지기 때문이다. 독자들도 본 책에 포함된 내용을 읽으며 효율적인 '학습자'가 되길 기대해 본다. 특히 앞으로 심리학도를 꿈꾸는 고등학생들에게도 일독을 권하며, 이들이 심리학을 제대로 이해하는데 도움이 되었으면 한다.

총 36개의 주제를 필자가 집필했던 순서로 네개의 파트로 구분하여 구성하였다. 독자들은 꼭 이 순서를 따라 읽어갈 필요는 없을 것이다. 다음 쪽에 이 36개의 제목 차례가 있으니, 살펴보고 관심이 있는 주제가 있으면, 세부 목차를 다시 본 후 읽어가면 될 것이다.

집필을 하며, 어떤 주제든 '그 주제에 관한 과학적인 증거를 제시'하며 글을 써야 한다는 다소 강박적인 생각을 늘 염두에 두었다. 독자들도 알겠지만, 사실 많은 심리학도들이 여러 심리 현상을 분석하며 이를 바탕으로 해결 방안을 제시하거나, 심리 건강이나 안녕을 위한 처세술적인 충고를 제시하는 경우가 비일비재하다. 물론 이들이 제시하는 통찰에 고개를 끄덕이기도 하지만, 동시에 그 근거에 대한 회의를 지울 수 없는 경우도 많다. 그래서 필자는 가능한 주제와 관련된 최신의 과학 실험 결과가 있는지를 찾고 이를 바탕으로 집필하려고 노력하였다. 그러다 보니 흥미로운 심리 주제인데도 불구하고 확실한 실험적 증거가 없어 집필을 포기한 주제도 여러 있었다.

그리고 사실 이 책에 포함된 주제에 대한 기술에서도 명확한 결론을 내지 돗하고 '추후의 과학적 연구를 기다려보자'는 식의 무책임한 말로 마무리 지은 것도 많다. 물론 한두 개의 실험 결과만으로도 충분하지 않다. 긴 과학적 탐구의 역사가 진정한 의미의 깨달음을 주는 것이기 때문이다. 수만 년을 이어온 우리 인간의 삶과 마음의 문제에 대해 어찌 한 번의 실험 결과가 지혜로 포장될 수 있겠는가. 단지 몇몇 과학적 결과가 주는 시사점을 일단 겸허하게 받아들이고 새로운 탐구의 가능성을 생각해 보는 것이 우리에게 주어진 과업일 것이다.

여기에 실린 글들은 지난 몇 년간 네이버 케스트에 필자가 연재했던 것들이다. 집필을 시작하게 도와준 최항아님과 네이버의 김민정 과장, 필자의 거친 글을 다듬어준 한국문화사의 이사랑님과 출판을 허락해 준 김정수님께 감사드린다.

PART 1

차 례

PART 2

PART 3

PART 4

THE PSYCHOLOGY 일상의 심리학 OF EVERYDAY LIFE

PART 01

오른쪽 마음, 왼쪽 마음?

대뇌의 좌반구와 우반구: 심리적 기능 분화

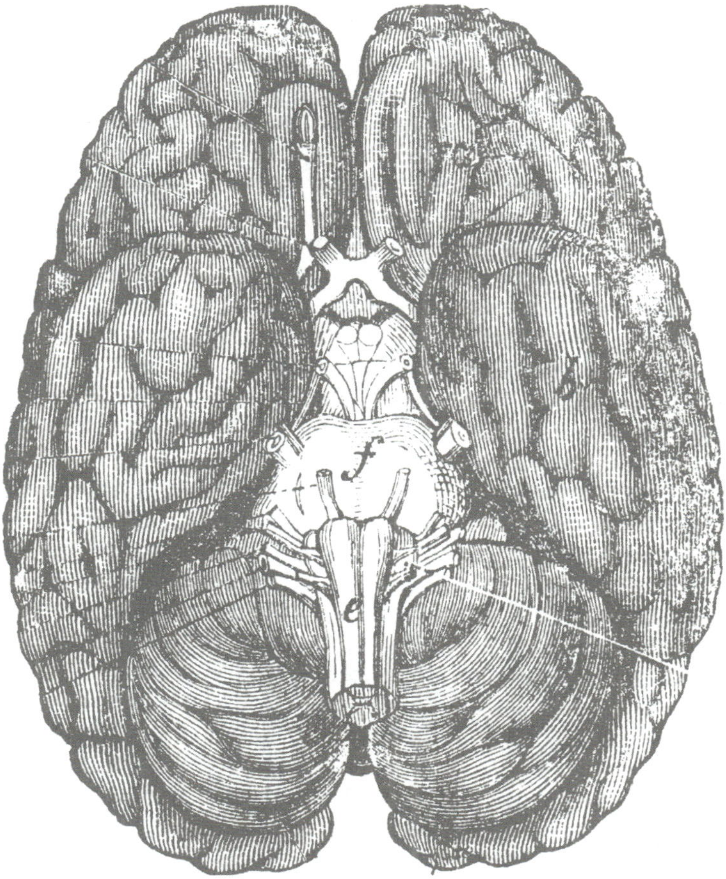

| 대뇌의 좌우반구 대뇌 피질은 대칭적인 구조의 두 반구로 분리되어 있지만, 뇌량이라는 신경섬유 다발로 연결되어 있다.

몇 년 전만 해도 대학생들에게, '마음'에 해당하는 신체 부위가 어디일지 지적하게 하면, 십중팔구 자신의 심장을 가리키곤 했다. 아마도 슬프거나, 화가 나거나 하는 마음의 변화를 스스로 심장 박동의 변화로 느낄 수 있기 때문이었는지 모르겠다. 하지만 최근 들어서는 대부분의 학생이 마음의 기관으로 자신의 머리를 지적한다. 우리의 대뇌, 포괄적으로 표현하면 신경계가 환경을 이해하고 받아들이며 심리적인 경험을 만들어내는 주체라는 사실을 알고 있는 것이다. 아마도 요사이 사회적으로 치매 등과 같은 뇌 관련 질환이 널리 알려지고, 뇌의 중요성과 중추신경계와 관련한 신경과학 지식이 여러 매체를 통해 알려지게 되었기 때문일 것이다. 그런데도 유독 많은 사람이 잘못 이해하거나 과대 해석하는 신경심리학적인 주제가 있는데, 바로 이번 글의 주제, 즉 좌우반구의 심리적 기능 분화에 관한 것이다. "좌뇌보다는 상상력과 창의력의 우뇌를 발달시켜라"라는 식의 장삿속 주장이 떠돌고 있으며, 대뇌 반구의 분화가 마치 서로 다른 마음이 존재하는 것처럼 잘못 이해되고 있다.

대뇌 피질은 뇌량으로 연결되어 통합적으로 작용한다

우리는 이미 중고등학교에서 우리 인간의 정보처리 체계가, 머릿속에 있는 대뇌와 여기에 연결된 등뼈 속에 있는 척수로 구성되는 중추신경계와 여기서 신체의 각 말단에 연결되는 말초신경계로 이루어졌다는 것을 배웠다. 그리고 대뇌도 피질, 시상, 소뇌, 편도체, 변연계 등과 같은 여러 하위 구조로 이루어져 있다는 것도 알고 있다. 사실 생리심리학자들은 기억하고 학습하고 사고하는 것과 같은 우리의 정신 작용과 심리적 경험이 중추신경계의 어느 부분에서 어떻게 일어나는가(즉 국소위치)를 구분해내려고 노력해 왔다. 최근에는 대뇌 활동을 영상으로 기록하는 fMRI(functional Magnetic Resonance Imaging)와 같은 장치를 통해 우리의 심리적 작용이 일어나는 대뇌의 국소 위치를 찾아간다. 특히 흥미를 끄는 것은, 우리 인간의 고등 정신 기능을 담당하는 것으로 알려진 대뇌 피질이 두 부분으로 나뉘어져 있다는 사실이다. 즉 두 피질이 거의 대칭적인 구조로 나뉘어져 있고, 이 두 부분이 서로 정보를 교환하는 하부의 뇌량이라는 신경섬유 다발로 연결되어 있다. 이런 구조적인 특징에 여러 의문이 제기된다. 많은 양의 피질을 좁은 두뇌 공간에 넣다 보니 생긴 부산물일까? 왜 두 반구로 나뉘었을까? 서로 담당하는 기능을 구분할 필요가 있어서일까?

대뇌 피질이 두 개의 반구로 분리되어 있지만, 뇌량으로 서로 연결되어 있어서 서로의 정보가 전달되며 통합적으로 작용한다는 것을 다시 염두에 두기 바란다. 즉 우리의 일상생활에서 두 반구는 대부분 함께 기능하기에, 한 반구만 쓰는 것은 거의 있을 수 없는 일이라고 해도 과언이 아니다. 단지 두 반구의 기능을 분리해 낼 수 있는 특별한 사례가 있다. 뇌에 종양이 있어 정상적으로 기능하지 못하면, 어쩔 수 없이 외과적 수술을 해야 하는 경우가 있으며, 대표적인 예가 심각한 난치성 간질을 앓는 환자라고 한다. 한 대뇌 반구에서 시작한 비정상적인 신경 흥분 혹은 발작이 뇌량을 건너 다른 반구로 전달되고, 다시 이 발작이 원래 반구로 전달되는 피드백 고리를 이루며, 마치 전체 뇌에 대폭발이 일어나는 것과 같은 결과를 초래하여 환자를 기절시키고, 심지어는 생명이 위험해질 수도 있다. 이렇게 간질 발작이 심각할 경우, 이를 치료하기 위해 외과 의사들은 뇌량을 절단하여 두 반구가 분리되게 할 수 있다. 그러면 한 반구에서 시작한 발작이 그 반구에 한정되기에 발작 증상을 완화할 수 있게 된다는 것이다. 그리고 이러한 수술을 받은 환자는 소위 말하는 "분리된 뇌(split-brain)"를 갖게 되는 것이고, 이 환자를 통해 좌우 반구가 서로 다른 심리적 기능을 하는가를 탐구할 수 있게 되었다고 한다.

분리된 뇌 환자의 실험

노벨상 수상자인 로저 스페리(Roger Sperry)와 동료들은 분리된 뇌 환자의 행동을 조사하는 여러 실험을 하였고 그 결과 좌반구와 우반구가 서로 다른 심리적 기능을 수행한다는 정보를 밝혀냈다. 여러분에게 다시 강조하지만, 정상적인 뇌를 가진 사람에게는 좌반구로 들어간 정보는 우반구에 전달되고 우반구에 들어간 어떤 정보라도 좌반구에 전달된다. 단지 분리된 뇌 환자의 경우에만, 한 반구에 들어간 정보가 뇌량이 절단되었기에 다른 반구로 전달될 길이 없는 것이다. 실험 결과가 시사하는 바를 잘 파악하기 위해서는, 우선 실험 상황 자체와, 우리의 시각 정보 처리를 담당하는 신경 회로의 해부학적인 구조를 이해해야 한다.

우리가 앞에 놓인 화면 스크린의 가운데 있는 점 하나에 눈동자를 움직이지 않고 응시하고 있다고 하자. 이 경우 이 응시점의 왼쪽에 그림이나 글씨를 제시하면, 이는 우반구에만 전달되고, 반대로 화면의 오른쪽에 제시한 것은 좌반구에만 전달된다. 응시점이 눈의 망막의 초점(혹은 중심와, 'fovea')에 고정될 때, 안쪽, 즉 코 있는 쪽의 망막 부분에 도달하는 정보는 반대쪽으로 교차해서 전달되고, 코 바깥쪽 망막 부분에 떨어지는 정보는 같은 방향 그대로 대뇌에 전달되는 신경해부학적 구조로 이루어져 있기 때문이다. 이러한 특성을 이용하여 분리된 뇌 환자를 통해, 한 반구에 특정한 정보를 전달하고, 어떤 결과가 일어나는가를 확인할 수 있는 것이다. 즉 환자에게 스크린의 중앙에 있는 점을 바라보게 한 후 스크린의 좌측 혹은 우측에 단어 혹은 그림을 제시하여 그 정보를 한 반구로만 전달할 수 있고, 환자에게 여러 반응을 하도록 요구하여 좌우 반구의 특성을 살펴볼 수 있다.

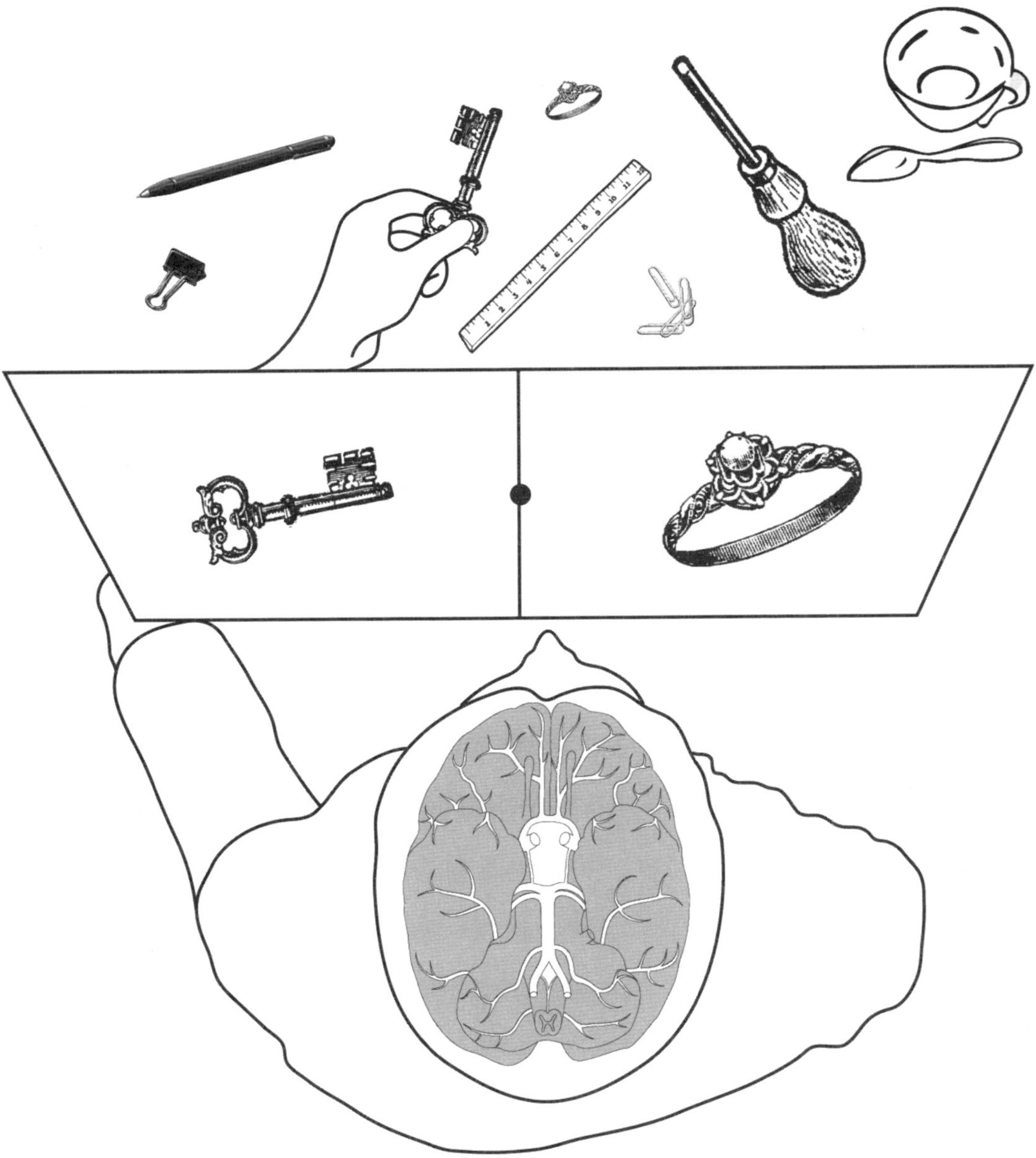

반지 그림은 분리된 뇌 환자의 좌반구에만 전달되어 환자는 어려움 없이 반지에 대해 설명을 할 수 있지만, 우반구에 의해 통제되는 왼손으로 자신이 방금 본 것을 집는 행동에는 어려움을 겪게 된다.

분리된 뇌 환자의 오른쪽 시야에 반지 그림을 보여주었다고 하면 이 정보는 좌반구에 전달될 것이다. 이 환자에게 제시된 것이 무엇인지 말로 설명하게 하면 어려움 없이 반지에 대해 설명을 한다. 정보가 전달된 좌반구가 언어를 담당하는 반구이기 때문에 환자는 방금 자신이 본 것을 말로 설명하는 데 어떤 어려움도 없는 것이다. 그런데 환자에게 스크린 뒤로 왼손을 뻗어 방금 자신이 본 것을 여러 물건 중에서 찾아보라고 지시했다고 하자. 어떤 일이 벌어졌을까? 이 환자가 이 과제를 수행할 수 있었을까? 한 가지 여러분이 알아야 하는 것은, 우리의 왼손은 우반구에 의해 통제되며 오른손은 그 반대라는 점이다. 반지 그림은 좌반구에만 전달되었고, 뇌량은 절단되었으며, 왼손 통제는 정보를 받아들이지 않은 우반구에 의해 일어나야 한다. 독자들도 충분히 결과를 추측할 수 있을 것이다. 실제로 분리된 뇌 환자는 그림을 보고 말로 설명할 수 있었음에도, 그 그림에 해당하는 물건을 왼손으로 찾아낼 수가 없었던 것이다. 좌반구의 왼쪽 마음이 우반구의 오른쪽 마음과 따로 노는 셈이다.

물론 우반구에 전달된 정보도 비슷한 반대의 결과를 일으킨다. 환자의 왼쪽 시야에 친숙한 물건, 예를 들어 열쇠 그림을 보여주며 왼손으로 여러 물건 중에서 열쇠를 골라 찾을 수 있다. 그리고 그 물건이 무엇이라는 것을 아는 동작을 보여 줄 수 있지만(즉 열쇠를 손가락으로 잡는 것과 같은), 아이러니하게도 자신이 쥐고 있는 물건에 관해서는 말로 설명하지 못한다. 우반구에 들어간 열쇠 정보가 언어 산출을 통제하는 좌반구로 전달되지 못하기 때문이다. 이런 반구의 분화를 극적으로 보여주는 실험 결과도 있다. 한 사람의 얼굴의 왼쪽과 다른 사람의 얼굴 오른쪽을 합성하여 만든 얼굴 사진을 가운데 응시점 좌우에 제시되도록 그림을 보여 주면, 분리된 뇌 환자는 자신이 두 얼굴 모두를 보았다고 답하게 된다고 한다. 어느 얼굴을 보았는가를 말하게 하면 오른쪽 시야에 제시되었던, 즉 좌반구에 전달된 사람을 보았다고 말하고, 어느 사람을 보았는지 왼손으로 가리키게 하면 왼쪽 시야에서 본, 즉 우반구에 전달된 사람을 선택한다고 한다. 왼쪽 얼굴에 관한 정보는 우반구로 전달되고, 우측의 얼굴에 관한 정보는 좌반구에 전달되기 때문에 두 사람 얼굴을 모두 본 것 같은 경험을 하게 되는 것이다.

좌반구와 우반구의 분화가 두 가지 다른 마음을 의미하는 것은 아니다

이러한 연구 결과는 두 반구가 서로 다른 심리적 기능을 가지고 있다는 것을 잘 보여준다. 즉 정보가 한 반구에서 다른 반구로 전달될 수 없는 분리된 뇌 환자를 대상으로 한 실험을 통해 두 반구가 서로 다른 기능을 가지고 있다는 것을 알게 되었다. 하지만 비록 분리된 뇌 환자라고 하더라도 자신의 눈이나 얼굴을 움직이며 시야의 정보가 두 반구에 전달되도록 한다면 실험 결과에서 보인 것 같은 결함은 보이지 않을 것이다. 더구나 두 반구가 뇌량으로 연결된 우리 정상인들에

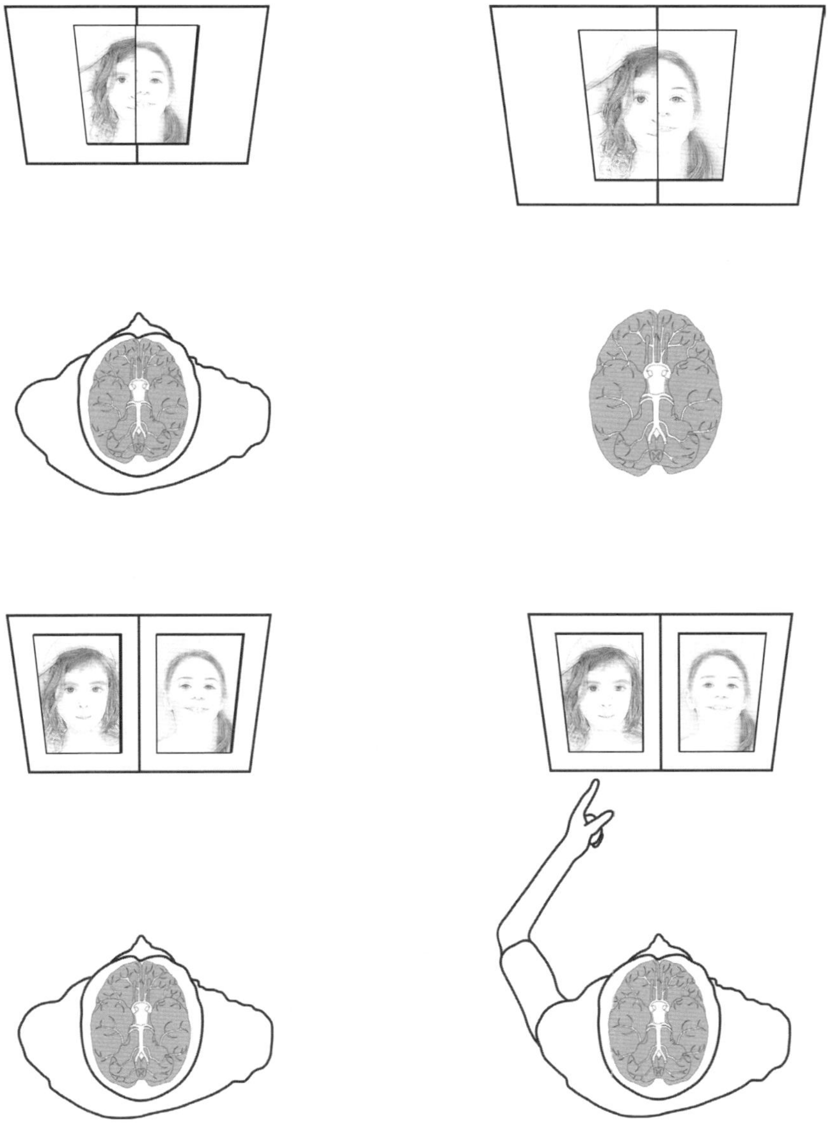

반구의 분화를 극적으로 보여주는 실험

게는 두 반구가 신속하게 서로 정보를 주고받으며 통합적으로 작용할 것이라는 것은 명확하게 이해했을 것이다. 우리가 경험하는 세상은 언어적 정보, 그림 정보 그리고 그 대상에 어떻게 우리가 상호작용할 것인가의 모든 정보로 구성되어 있으며, 두 반구가 상호작용하며 통합적인 기능을 수행하는 것이다. "논리적 기능을 넘어서는 우뇌의 상상력을 키우는 우뇌 학습법"이라는 식의 주장은 사실 아무 의미가 없다고 할 수 있다. 우리는 두 반구, 즉 뇌 전체를 사용하여 책을 읽고 함께 있는 삽화를 보며, 영화를 볼 때 배경 음악을 들으며 가사를 따라 흥얼거리며 공상적인 장면을 머릿속에 그릴 수도 있다. 좌반구와 우반구의 분화가 두 가지 다른 마음이 있는 것처럼 해석하는 오류는 범하지 말아야 한다. 오히려 두 반구의 기능적인 분화가 어떻게 통합적으로 작용하는가를 더 자세히 밝히는 작업이 앞으로의 생리심리학 연구에서 필요할 것이다.

행복한 얼굴 표정을 짓는 연습을 해보세요

정서의 표현

| 동물들의 다양한 표정

키우는 강아지가 어떤 기분(정서(emotion), 감정(affection) 등 여러 용어가 쓰이는데, 심리학에서는 보통 정서라는 단어를 대표로 사용한다.) 상태인지를 어떻게 알 수 있느냐고 물으면, 아마도 대부분 사람은 강아지의 얼굴을 보면 알 수 있다고 대답할 것이다. 내는 소리나 하는 몸짓으로도 알 수 있지만 아마도 정서 상태를 가장 잘 표현하는 것이 얼굴 표정이기 때문일 것이다. 말하자면, 우리는 상대방이 사람이건, 동물이건 얼굴 표정으로 서로의 마음을 '읽는' 셈이다. 우리의 기분은 어떤 얼굴 표정으로 나타날까? 우리는 상대방의 얼굴 표정을 어떻게 파악할까? "웃으면 복이 온다"는 옛말처럼, 웃는 얼굴 표정을 하면 행복해질까? 얼굴 표정을 통한 정서의 표현에 관한 흥미로운 몇 가지 심리학 연구 결과를 이야기해 보자.

얼굴 표정으로 상대방의 마음을 읽다

정서의 표출과 전달, 즉 상대방의 마음 읽기에 얼굴 표정이 중요할 것이라는 생각을 한 것은 사실 심리학자가 처음은 아니다. 어떻게 보면 우리가 진화론의 창시자로 잘 알고 있는 다윈이 정서 연구자의 효시라고 할 수 있을 것이다. 1872년 찰스 다윈은 『인간과 동물의 정서 표현』이라는 책에서 정서 표현이 진화론적으로 중요하며, 사람과 동물들이 특정한 방식의 얼굴 및 자세 표현을 갖고 있다고 생각했다. 그리고 이런 표현은 유기체들이 자신의 내적 상태에 대한 정보를 서로 소통하기 위한 수단이라고 주장하였다. 즉 정서 표현은 한 동물이 다른 동물에게 자기가 무엇을 느끼고 있으며, 그래서 어떻게 행동하겠다는 것을 표출하는, 전달자나 수용자 모두에게, 편리한 방법일 수 있다. 예를 들어 집단을 이루며 사는 늑대 무리에서 우두머리가 이를 드러내며 화난 공격성을 표출하고, 낮은 서열을 인정하는 다른 늑대가 머리를 낮춰 두려움을 표출한다면 굳이 싸우지 않고도 평화로운 관계를 이룰 수 있을 것이다.

이러한 맥락에서 생각해 보면, 진화론적으로 가장 고등 동물이라고 할 수 있는, 그리고 가장 정교하게 분화된 사회 집단을 발전시킨 인간에게서 정서의 표출이 가장 발달되었으리라고 가정하는 것은 무리가 아니다. 아울러 정서의 표출과 이를 읽어내는 능력은 인간이라는 종에 공통적인 특성일 것이라는 가정도 해볼 만하다. 이 역시 사실은 다윈의 통찰이다. 그는 보편성 가설이라는 이름으로 이러한 주장을 했다. 이 가설에 따르면 정서 표현은 모든 사람에게 같은 의미를 가지고 있으며, 예를 들어 미소 짓는 얼굴 표정은 자신의 행복한 상태를 나타내는 것이며, 이 미소를 통해 다른 사람들은 그 사람이 행복한 상태라는 것을 읽어낸다는 것이다. 이렇게 본다면 정서를 표출하는 얼굴 표정은, 우리가 서로 의사소통하는 말과 글 같은 또 다른 소통의 도구인 셈이다. 물론 언어의 단어는 대상과 인위적인 관련성을 갖는 상징(symbol)이지만, 얼굴 표정은 정서를 직접적으로 나타내는 일종의 신호(sign)가 되는 차이가 있다. 즉 언어보다는 즉각적인 정보 전달이 표정으로 가능한 것이다.

몇 가지 연구 결과가 이러한 생각을 뒷받침한다. 우리는 보통 다른 민족(예, 인도인이나 아프리카인)의 개인들을 얼굴로 구별해 내기가 쉽지 않다. 처음에는 모두 그 사람이 그 사람인 것처럼 보이기 마련이다. 그 민족 사람의 다양한 얼굴을 본 경험이 적어서, 그 민족 사람의 얼굴 모양이 갖는 공통성만 눈에 들어오고, 차이점을 찾아낼 수 있는 지각적 식별 능력이 발달되지 않았기 때문이다. 그럼에도 불구하고, 일반적으로 사람들은 다른 문화권 사람들의 얼굴 정서 표현은 상당히 정확하게 읽어 낸다는 것이다. 동양인이건 서양인이건 모두 미소를 행복의 표시로, 찌푸린 얼굴을 슬픔의 표시로 알아보고 구분할 수 있다는 것이다. 특히 외부 세계와의 접촉 없이 생활하는 파푸아뉴기니의 원주민들도 미국인들의 정서 표현을 미국인들과 거의 같은 정도로 정확하게 알아볼 수 있다는 것이다. 얼굴 표정으로 상대방의 정서를 읽어내는 능력이 문화적인 학습 결과가 아닌, 진화론적으로 결정된 타고난, 그러기에 보편적인 능력이라는 것을 시사하고 있다. 태어날 때부터 시력을 상실한 시각장애인들이나, 얼굴 표정을 본 경험이 적은 신생아도, 우리와 같은 얼굴 정서 표정을 짓는다는 것을 보면, 보편적인 정서 표정의 위력을 실감할 수 있다.

우리는 보통 다른 민족의 개인들을 얼굴로 구별해 내기가 쉽지 않지만, 동양인이건 서양인이건 모두 미소를 행복의 표시로 알아보고 구분할 수 있다.

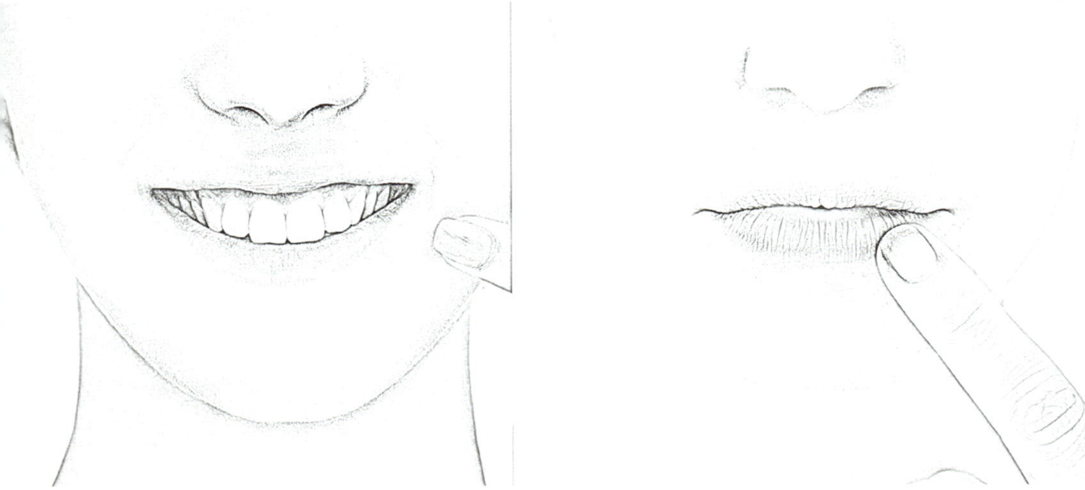

| 미소의 특징인 입꼬리가 올라가도록 했을 때 더 행복하다고 느낀다는 연구 결과가 있다.

행복해서 웃는 것일까 아니면 웃어서 행복한 것일까?

그렇다면 우리의 모든 정서가 얼굴 표정으로 드러날까? 아니 오히려 경우에 따라서는 내적인 기분이나 감정 상태를 겉으로, 즉 얼굴 표정으로 드러내지 않으려고 하는 경우도 있을 수 있다. 그리고 얼굴로 얼마나 다양한 정서 표정을 만들어 낼 수 있을까? 뛰어난 연기자들이 극의 상황에 따라 짓는 다양한 얼굴 표정을 보면 경이로운 게 사실이다. 앞에서 언급한 연구 결과들은 보통 인간의 여섯 가지 기본적인 정서인 "화, 혐오, 공포, 행복, 슬픔 및 놀람"의 얼굴 표정을 사용해 얻어진 것이다. 물론 수치심이나 당황스러움과 같은 다른 정서도 같은 결과를 얻을 수 있을 가능성은 있다. 우리의 얼굴에는 43개의 근육이 있어서 10,000개 이상의 독특한 형태를 만들어 낼 수 있으며, 그러기에 놀라울 정도로 미묘하고 구체적으로 우리의 정서 상태에 관한 정보를 전달할 수 있게 해준다고 한다. 심리학자인 에크만(Paul Ekman)은 인간 얼굴이 보여 줄 수 있는 근육 운동을 목록화하는 연구를 하고 있다고 한다. 그리고 이를 우리의 정서 상태와 관련시키려고 노력하고 있다. 예를 들어, 우리가 앞에서 예로 들었던 행복한 정서 경험을 나타내는 얼굴 표정인 미소의 경우, 양쪽 입술 끝을 위로 당기는 근육과 눈의 바깥쪽 끝부분을 주름지게 하는 근육의 운동으로 나타난다는 것이다. 얼굴 표정으로 다른 사람들의 다양한 정서 상태를 읽을 수 있고, 얼굴 표정을 연기해야 하는 연기자에게 지침을 줄 수도 있기에, 앞으로의 이러한 연구 결과는 기대된다.

한 가지 떠오르는 의문은 연기자들의 정서적인 얼굴 표정에 관한 것이다. 연기자들은 매번 정서 상태를 만들고, 이를 자연스럽게 얼굴 표정으로 드러내는 것일까, 아니면, 특정한 정서를 나타내는 얼굴 표정을 의도적으로 만들어 연기하는 것일까? 특히 후자라면, 얼굴 표출에 상응하는 정서 경험이 일어나게 될까 아니면 그렇지 않은 상태에서 얼굴로만 연기할까? 연기해본 경험이 없는 필자로서는 알 수 없는 일이지만 어떻게 시작을 했건 생생한 연기를 하기 위해서는 연기자가 실제의 정서 경험을 하고 있어야 할 것이다. 여기서 제기할 수 있는 흥미로운 생각이, 얼굴 표정이 거기에 상응하는 정서 경험을 만들어 낸다는 안면 피드백 가설(facial feedback hypothesis)이다. 즉 정서적 얼굴 표출이 정서 경험을 유발할 수 있다는 것이다. 예를 들어, 연필을 입술로 물고 있을 때보다, 연필을 이로 물고 있을 때, 혹은 미소의 특징인 입꼬리가 올라가도록 했을 때 더 행복하다고 느낀다는 연구 결과가 있다.

왜 이런 결과가 나왔을까? 아마도 미소 짓는 얼굴 표정이 우리의 행복한 경험을 직접적으로 나타내는 신호이기에, 즉 표정과 감정이 강력하게 연결되어 어느 것에서 시작했건 동일한 상태에 빠지는 것이 아닌가 하는 추측을 할 수 있다. 물론 그 기제는 앞으로의 연구를 통해 밝혀야 할 것이다. 여하튼 우리에게 주는 시사점은 명확하다. 기분이 울적하고 우울할 때는 거울을 보면서, 입꼬리를 올리고 얼마 동안 미소 짓는 얼굴 표정을 해볼 일이다. 기분이 좋아질 때까지. 온몸을 쫙 펼치고, 심호흡도 하면 더 좋아질지도 모르겠다. 자, 여러분들도 미소 짓는 얼굴 표정을 하며 행복하게 하루를 지내보자.

보는게 아니라 사실은 아는 것이다?

인간의 지각

| 우리가 세상의 여러 사물을 보며 그 의미를 해석하는 심리적 과정이 지각심리학의 기본 의문이다.

오뉴월이 되면 나들이할 때 주변을 보느라 눈이 바쁘다. 온갖 초여름 꽃들이 피어나고, 신록은 짙게 푸르러 지고 있어, 거리를 걸으며, 꽃들 보랴, 지나가는 자동차 피하랴, 마주치는 사람과 인사하랴 바쁘다는 표현이 실감이 난다. 그런데 여기서 어리석은 질문 하나하자면 여러분들은 어떻게 이런 다양한 세상을 알아보는 바쁜 작업을 바쁘지 않고 쉽게 수행하세요? 아마 여러분은 "뭐 어떻게 하긴 눈으로 보면 되지"라고 시큰둥하게 대답할지 모른다. 너무 당연한 질문을 한 이유는, 이것이, 바로 우리가 세상의 여러 사물을 보며 그 의미를 해석하는 (이를 심리학자들은 인간의 지각(perception) 과정이라고 부른다.) 심리적 과정을 탐구하는 지각심리학의 기본 의문이기 때문이다. 우리는 색깔을, 형태를, 움직이는 사물의 운동을, 그리고 삼차원적인 입체를 어떻게 파악할 것이며, 여러 다양한 사물을 어떻게 구별하고 알아채는 것일까?

눈으로 본다는 것

우선 "눈으로 보면 된다."라는 표현부터 생각해 보자. 보통 우리는 눈의 구조와 기능을 사진기에 비유한다. 눈에도 조리개가 있고, 렌즈가 있으며, 필름이나 이미지 센서에 해당하는 망막이 있다. 예전에는 필름을 인화하면 되고, 요새는 이미지센서의 신호를 우리가 잘 알고 있는 이미지 파일방식으로 바꾸면 된다. 망막에서도 원추세포와 간상세포가 빛을 신경 부호로 변환한다. 그러면 이 망막 정보를 인화하거나, 그림 파일로 만들면 끝일까? 그렇지 않다. 망막 정보는 시상하부라는 대뇌 하부를 거쳐 대뇌 피질의 시각 영역에 전달하고, 다시 여기서 여러 다른 신피질 영역으로 연결된다. 그러니까 카메라는 필름이 마지막이지만, 그에 대응되는 우리의 망막 정보는 시각적인 처리의 마지막이 아니라, 더 복잡한 처리가 일어나야 하는 출발점이라고 할 수 있다. 사실 망막이 제공하는 정보는 아주 결핍되어 있어, 우리의 실제 경험을 나타내주는 데는 충분하지 않다고 할 수 있다. 몇 가지 예를 들어 보자.

아래 그림에서처럼, 크기와 기울어진 정도가 다른 사각형들은, 떨어진 거리가 달라서 하나의 같은 망막상으로 나타낼 수 있다. 말하자면, 망막 정보만으로는 어느 사각형을 보았는지 우리로서는 알 수 없단 말이 된다.

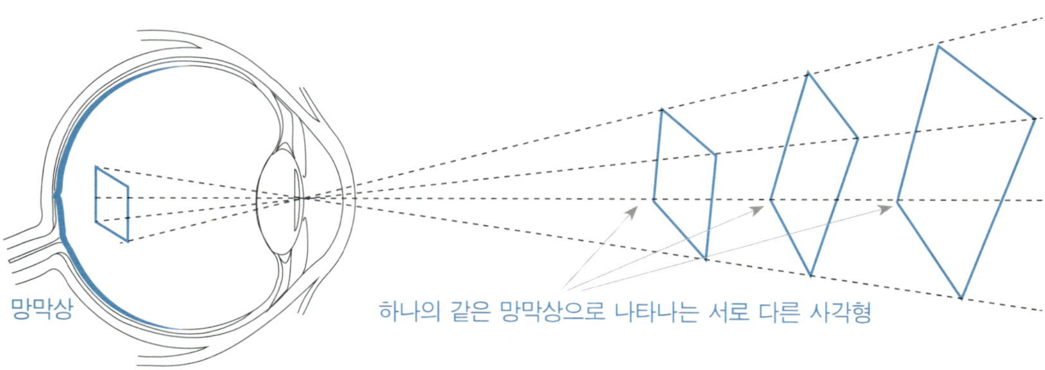

| 망막 정보는 시각적인 처리의 마지막이 아니라, 보다 복잡한 처리가 일어나야 하는 출발점이다.

| 모나리자

옆의 그림은 모르는 사람이 없을 정도로 유명한 레오나르도 다빈치의 모나리자이다. 우리가 모나리자를 단순히 '본다'는 표현보다는 '알아본다'는 표현이 더 적절하다. 이미 이 명화를 여러 번 본 경험과 기억이, 설령 흐린 정보가 망막에 들어와도 알아채게 하는 것이다. 사실 우리의 지각 경험의 대부분은 세상(환경)에 관한 지식이나 과거의 기억에 영향을 받는다. 심리학자들은 이러한 지식의 영향을 위에서 아래(top-down)로의 처리라고 부르며, 빛에서 망막을 거쳐 들어오는 밑에서 위(bottom-up)로의 처리와 대비시킨다. 그리고 이러한 위에서 아래로의 처리 덕분에, 주어진 정보를 넘어서는 지각 처리가 가능하고, 세상에 대한 지각 경험이 실제 세상과 잘 맞아떨어지게 되는 것이다. 말하자면 우리의 감각기관이 제공하는 정보는 정확하고 믿을만한 것처럼 생각되지만, 사실은 실제 세상의 실체를 그대로 나타내는 것은 아니며, 대뇌의 여러 처리가 만들어 내는, 즉 재구성해 내는 것이라고 할 수 있다. 그리고 바로 이런 대뇌의 창의적인 재구성 작용은 대부분의 경우 성공적이다.

그런데 이러한 활동이 실패하는 경우가 있으며, 심리학자들이 관심을 갖는 주제인 착시 현상이 한 예가 된다. 착시란, 사물에 대한 주관적인 지각 경험과 물리적 실체 사이에 괴리가 있는 현상을 말한다. 다음 예를 보자.

착시효과

| A와 B 부분이 같은 밝기 같은가요, 그렇지 않은가요? 비교해보세요. 왜 그렇게 지각되었는지 설명해 보세요!

MIT의 시지각 연구자인 아델슨(Adelson)이 만든 위 그림을 보면, 믿을 수 없겠지만, A, B는 같은 밝기(휘도)를 갖고 있다. 왜 그럴까? 우리의 대뇌가 망막이 제공하는 정보를 그대로 받아들이는 것이 아니라 주변에 있는 것들과 비교를 하고 있기 때문이다. 필자도 진짜 그런지 알아보려고, 두 영역만 남겨 놓고, 주변을 포스트잇으로 붙이고 비교해 봤다. 여러분도 직접 해보면 당황스럽기도 하고 신기하기도 할 것이다.

거꾸로 착시효과를 적절하게 활용할 수도 있으며, 건축물에서 여러 예를 찾을 수 있다. 말하자면 사람들의 건물에 대한 지각 경험을 우선하여, 지각 경험에 문제가 없도록 하기 위해 건축의 구조와 배열을 바꾸는 것이다. 우리나라 건축물에서도 예를 찾을 수 있다고 한다. 경복궁의 근정전 바닥과 앞마당이 북쪽에서 남쪽으로 약 1미터 가량의 기울기가 있다고 하는데, 이는 비가 오면 물 빠짐이 좋게 하기 위한 것이란다. 그런데 육안으로는 이를 알 수 없다고 한다. 남쪽으로 올수록 지붕을 낮추고, 회랑의 기둥도 북쪽 기둥을 남쪽 기둥보다 짧게 하여 높낮이가 같아 보이게 축조했다고 한다.

경복궁 근정전

독자들도 지금까지의 몇몇 예로 우리의 세상 지각이 단순히 사진 찍기는 아니라는 것을 깨달았을 것이다. 망막 정보가 바탕은 되겠지만, 대뇌에 저장된 여러 지식과 정보가 합쳐져 우리의 지각 경험을 만들어 내는 것이다. 바로 이런 점 때문에 우리 인간처럼 지각하는 로봇을 만들어 내기 어려운지도 모르겠다. 인간의 지각 과정에 관한 인지적, 신경생리학적 기제가 밝혀지는 날 아마도 그런 로봇이 만들어질 것이다.

주) 착시 그림 사용을 허락해 준, Adelson 교수와 경복궁에 대한 정보를 제공해 준 건축학도 김윤겸님께 감사드립니다.

학습의 바탕은 서로 연결 짓기, 경험으로 생기는 마음의 변화

파블로프 조건화

| 자극-반응 관계 중 우리가 태어날 때부터 가지고 있는 것을 '무조건 자극-반응(반사)'이라고 부른다.

삼국지의 조조 이야기 한 대목을 옮긴다. 조조가 군사를 데리고 적을 공격하러 갔는데, 적들이 성안에 꼼짝하지 않고 버티는 바람에 공격도 제대로 못 한 상태에서 가져간 식량과 물이 바닥나게 되었다. 굶주리고 목이 탄 병사들이 급기야 반란을 도모하려 하자, 이를 간파한 조조가 모든 병사를 모아 놓고, 자신의 집 뒷마당에 있던 살구나무 열매 얘기를 실감 나게 해주었다는 것이다. 이를 듣던 병사들의 입에 침이 흥건히 고여 갈증을 해소하게 되었고, 이때를 이용해 성을 공격하여 함락시켰다는 만화 같은 이야기이다. 독자들은, 이미 이 얘기의 바탕을 고등학교 생물학 시간에 배웠을 것이며, 러시아 생리학자인 파블로프가 체계적으로 연구한 개의 조건반사를 말한다는 것을 알고 있을 것이다. 음식은 당연히 침을 분비하게 하고(반사), 음식물과 연관된 소리, 이야기 등도 역시 침을 분비하게 한다는 것이다. 조조도 이를 알고 있었으며, 한 걸음 더 나아가 자신의 리더십에 이 원리를 활용한 셈이니 조조도 아마 심리학개론을 수강한(?) 모양이다.

조건반사와 학습

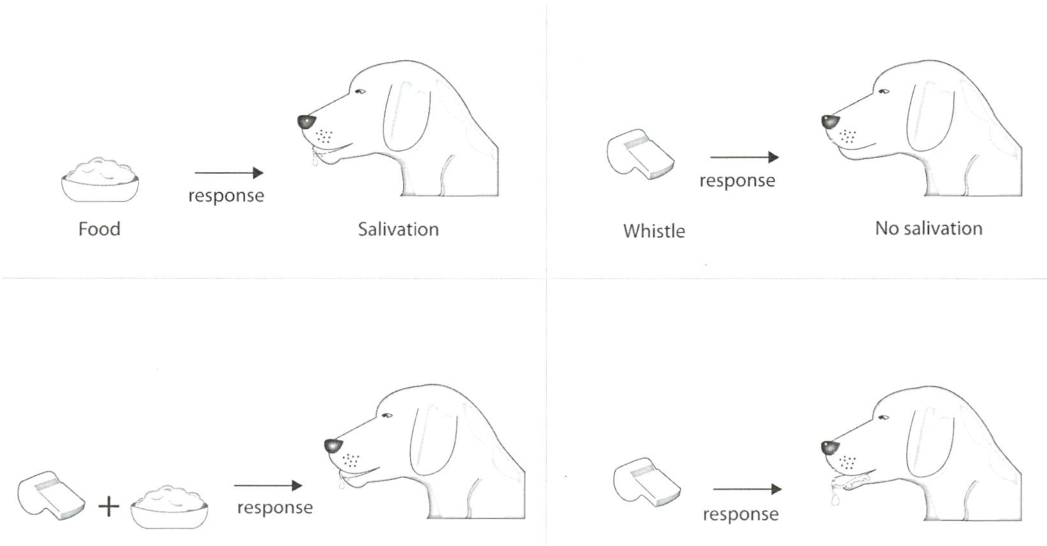

파블로프의 조건반사

우선 몇 가지 용어를 정리하자. 유기체(인간이나 동물)가 환경과 상호작용할 때, 유기체에 영향을 끼칠 수 있는 것들을 모두 합쳐, 심리학자들은 자극(stimulus, 이 단어는 어원상으로 양치기가 양을 몰 때 쓰는 뾰족한 막대기를 의미한다)이라고 부르며, 이에 대한 유기체의 대응을 반응(response)이라고 부른다. 이러한 자극-반응 관계 중 우리가 태어날 때부터 가지고 있는 것을 '무조건 자극-반응(반사)'이라고 부른다. '음식물-침 분비'가 반사의 예이다. 그리고 무조건 자극(음식물)이 새로운 자극(혹은 조건자극, 예, 소리)과 연결되며, 침을 분비하게 되는 과정을 조건화(형성)라고 부른다. 이런 단순한 연결 짓기 과정, 즉 조건형성 과정이, 우리 인간의 '경험을 통한 행동의 변화라는 의미의 학습(learning) 과정'의 기본적인 밑바탕 원리의 하나 일 수 있겠다는 깨달음 때문에 심리학자들은 이 조건형성 과정에 관심을 가져왔다. 독자들과 이를 공유하는 것이 이 글의 목적이다.

파블로프의 조건반사를 인간 행동에 적용한 선구자가 왓슨(Watson)이다. 그는 알버트라는 9개월 된 건강한 아이를 '흰 쥐에 대한 공포 환자'로 학습시켰다. 그 과정은 단순하다. 아이에게 실험용으로 사용하는 흰 쥐를 보여주고 아이가 관심을 보이고 만지려고 할 때마다 막대기로 큰소리를 들려준다. 몇 번을 반복하면, 결국 아이는 흰 쥐만 봐도 울고, 피하려는 소위 공포 반응을 보이게 된다. 이 상황을 차근차근 분석해 보자. 큰소리는 깜짝 놀라는 반응을 일으키고(무조건 자극-반응), 호기심의 대상이던 흰 쥐(사실 귀엽기까지 한 새로운 자극)와 연결되며 놀라는 공포반응이 학습된 것이다. 왓슨은 이를 통해 파

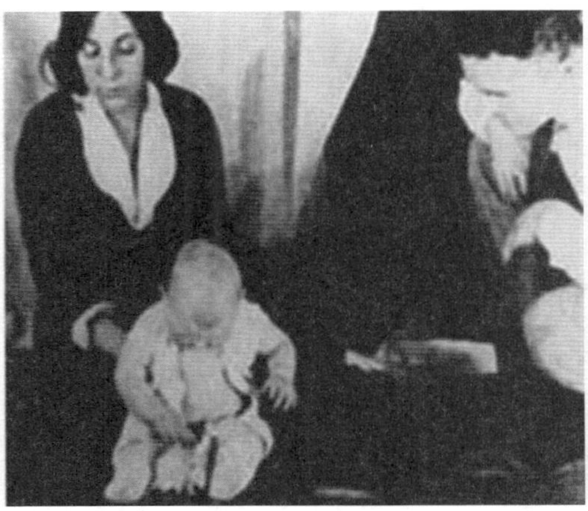

왓슨의 실험

블로프의 조건형성이 단순히 동물의 침 분비의 문제가 아니며, 인간의 특정 대상에 대한 불안, 공포 등과 같은 복잡한 정서 반응 획득의 기본 원리가 될 수 있다는 것을 보여 준 것이다. "아니, 갓난쟁이를 환자로 만들다니" 하면서 분노할 독자가 있을지 모르겠다. 하지만 염려할 필요는 없다. 논리적으로 명쾌한 해결책이 있을 수 있다. 흰 쥐에 대한 공포 반응은 학습된 것이기에 새로운 학습 경험으로, 즉 동일한 조건형성의 원리를 사용하여 흰 쥐를 공포의 대상이 아니게 만들 수 있기 때문이다. 사실 이러한 생각이, 학습 원리를 이용한 부적응 문제 치료 방법인 행동수정 치료법의 기본이 된다. 이 글에서는 자세히 설명하지 않겠지만, 행동수정 기법의 하나인 체계적 둔감법, 즉 불안과 공포와 양립할 수 없는 반응을 점진적으로 강화하는 방법으로 공포 반응은 극복될 수 있다.

음식에 대한 혐오도 역시 생존에 필수적이기에 단 한 번의 체험만으로도 학습이 이루어지기에 충분하다.

한 번의 경험만으로도 혐오 학습이 이루어진다

우리에게는 토하기, 재채기, 근육의 움직임 등 수십여 가지의 무조건 반사가 있다. 흥미롭게도 유아들은 빨기, 움켜잡기 등 성인보다 더 많은 종류의 반사를 갖고 태어나지만, 커가며 이것들이 없어진다고 한다. 아마도 반사의 기능이 유아의 생존에 필수적이기에, 적응의 기제로 태어날 때부터 갖추어진 것이라고 진화론을 빌려 생각할 수도 있을 것이다. 이를 잘 보여주는 예가 특정 음식을 싫어하거나 좋아하는 것이다. 특히 어떤 음식에 대한 혐오는 아주 흥미로운 탐구 거리가 된다. 필자도 요사이 극복했지만 감을 못 먹고 싫어했던 적이 있다. 가르시아(Garsia)라는 심리학자는 쥐들에게 보통 물과 단맛이 나는 물을 제공하여 골라 먹도록 하였다. 물론 쥐들도 단맛이 나는 물을 좋아하고 선택한다. 그 후 연구자는 쥐가 단맛이 나는 물을 마실 때마다 감마 방사선에 노출 시켰다. 방사선은 구역질을 일으키기 위한 것이었다. 어떻게 되었을까? 쥐들은 단맛을 회피하는 반응을 보였으며, 노출된 방사선 수준이 높을수록 단물에 대한 혐오 반응이 심했다. 이를 '조건형성된 맛(미각) 혐오 반응'이라고 부른다. 특히 흥미로운 것은 단맛과 방사선의 연결이 한 번밖에 연결되지 않았다는 점이다. 즉 한 번의 경험만으로도 혐오 학습이 이루어진 것이다. 앞서 얘기했던 것처럼, 우리의 생존에 반사가 필수적이라면, 이와 관련한 음식에 대한 혐오도 역시 생존에 필수적이기에 단 한 번의 체험만으로도 학습이 이루어지기에 충분한 것이다. '맛보고 배 아프고, 맛보고 배 아프고'를 반복해야만 학습을 할 수 있다면 얼마나 비효율적이겠는가? 아니 반복하기도 전에 음식에 포함된 독소로 죽었을지도 모른다.

삼국지의 조조처럼 이 맛 혐오 학습을 적용해볼 수는 없을까? 이러한 맛 혐오학습을 뒤집어 생각해보자. 요사이 농작물을 재배하는 사람들은 야생 동물의 피해 때문에 고민이 많다고 한다. 애써 키운 농작물을 고라니 같은 야생 동물들이 먹어치우고, 멧돼지는 아예 농작물 밭을 뒤집어 엉망으로 만들어 놓기 때문이다. 사냥을 허용하고 동물들을 죽이는 수밖에 없을까? 동물들에게 농작물에 대한 맛 혐오 학습을 시켜보면 어떨까? 물론 쉬운 일은 아니겠지만, 외국에는 여러 사례가 있고, 우리나라에서도 성공적으로 시도된 적이 있다. 관심 있는 독자는 KBS의 환경스페셜 100회 특집 '공존 실험: 까치(2001년 10월 3일)'를 찾아보기 바란다. 짧게 요약해보면 배 과수원에서 까치가 말썽을 일으킨다. 한두 개쯤 먹는 것을 주인도 뭐라고 하겠냐만, 문제는 배 여러 개를 조금씩 쪼아 먹어 상품성 자체를 없애는 것이다. 전문가의 조언을 받아 우선 까치에게 배 조각을 먹게 하고, 나중에 배 속에 약품을 넣어 구토를 일으키게 하고, 결국 배를 피하게 되는, 과수원 배나무에 달린 배에 가까이 가지도 않는 일련의 과정이 그려지고 있다. 맛 혐오 학습으로 과수원 주인과 까치가 함께 같은 자연 공간을 공유하며 평화롭게 공존하는 길을 찾은 것이다. 실험실이 아닌 자연환경에서 이를 구현하는 작업이 쉬운 것은 아니지만 말이다.

면역 체계도 학습이 된다

애더(Ader)라는 심리학자가 비슷한 실험을 하다 우연히 발견하게 된 결과이다. 애더도 쥐에게 소량의 사카린 단물을 준 후, 구토제인 시클로포스파미드(cyclophosphamide)를 주사하였다. 그리고 기대한 대로 주사를 한 번만 주었는데도 사카린 물이 구토 반응을 일으켜 쥐들이 단물을 피하게 만들었다. 그 후 구토제 주사 없이 사카린 물을 먹게 했는데, 건강했던 쥐들이 시름시름 앓으면서 죽어 나가는 것이었다. 이 이유를 조사하다 애더는 구토 유발 약물이 쥐의 면역 체계도 억제하였다는 사실을 알게 되었으며, 약물이 바이러스나 균과 싸우는 면역세포인 T-세포의 수를 낮춘다는 것을 알게 되었다. 그런데 약물(무조건 자극)은 한 번만 준 것이고, 단지 사카린 물을 마시게 한 것밖에 없기에, 애더는 사카린 맛(새로운 자극)과 약물이 연결되어 사카린 맛만으로 T-세포를 억제하게 만드는 파블로프 조건형성, 즉 학습이 이루어진 것이라고 생각하였다. 그리고 이 생각은 면역학자들과의 공동 연구를 통해 다시 확인되었고, 면역체계도 학습이 된다는 것을 보여준 최초의 연구가 된다. 이 연구 결과는 몇 가지 점에서 중요하다고 할 수 있다. 우리의 심리적 경험은 중추신경계를 통해 학습이 이루어진다. 앞에서 언급했던 알버트 공포 반응도 뇌의 편도체의 중심핵에서 이루어진다고 한다. 그런데 면역체계가 학습된다는 것은 중추신경계와 면역체계가 독립적이지 않으며 어떤 방식으로든 상호작용한다는 것을 말해주는 것이다. 그러기에 이런 발견으로, 마음의 작용(psycho), 신경내분비계(neuro), 면역학(immunology)을 하나로 묶는 연구 분야 심리신경면역학(psychoneuroimmunology)이 탄생하게 된다. 우리 마음의 작용이나 정서 상태가 중추신경계의 뇌세포에서 어떤 신경 전달 물질이나 호르몬을 분비하게 하고, 이들이 우리의 신체적 건강에 어떻게 영향을 끼치게 되는지를 탐구하는 길을 열어 놓게 된 것이다. 물론 이 연결 고리가 모두 밝혀진 것은 아니지만, 마음과 몸의 관련성을 이해하는 시발점이 된 것이라고 할 수 있다.

여러분은 이제, 단순히 두 자극을 연결시키는 단순한 기제가 인간의 경험에 의한 여러 다양한 행동 변화, 즉 학습 과정을 설명해줄 수 있다는 것을 이해할 수 있게 되었을 것이다. 물론 인간의 다양하고 복잡한 배움 즉 학습 과정은 반사에 기초하는 수동적인 파블로프 조건 형성만으로는 설명할 수 없다. 능동적인 환경 조작과 강화, 내적인 인지 구조의 변화 등 학습의 다른 측면도 살펴보아야 하며 이는 나중에 얘기할 주제가 된다.

공부한 내용의 기억

어떻게 하면 기억을 잘할 수 있을까?

| '훑어보기-의문 제기-능동적 읽기-뜻을 암기하기-숙고하기-복습하기'의 여섯 과정이 기억을 돕는다고 알려졌다.

종교철학자인 부버가 "기억한다는 것은 바로 산다는 것(To remember is to live.)"이라는 말을 했다. 기억 없이 사는 게 과연 가능할까? 잠시만 생각해 보면, 이 말이 주는 통찰에 공감이 갈 것이다. 사실 노인들은 자신의 모든 기억이 없어지는 치매 상태가 가장 큰 공포라고까지 말한다. 그러기에 인간의 마음을 탐구하는 심리학에서 기억만큼 중요한 연구 주제가 또 있을까 하는 생각이 든다. 일상생활에서 우리가 기억해야 할 것들은 한두 가지가 아니다. 그리고 기억해야 될 내용에 따라 기억을 잘하는 방법도 다르다. 이번 글에서는, 여러분이 심리학개론이나 경제학원론과 같은 교과서의 한 장(예, 기억과정)을 공부하고, 나중에 그 장에 관한 내용을 단답식이나 주관식 문제로 시험을 본다고 가정하자. 그리고 어떻게 하면 기억을 잘 해 'A'를 받는 답안을 쓸 수 있겠는지, 기억에 관한 연구와 관련지어 생각해보자.

수동적인 저장을 넘어 능동적인 구성으로

기억을 잘하려면, 우선 인간의 기억 과정에 관한 이해가 어느 정도 바탕이 되어야 한다. 인간의 기억을 비디오 촬영이나 컴퓨터의 하드디스크에 한글 파일을 저장하는 것으로 단순하게 생각하기 쉽다. 저장할 내용을 이미지나 디지털 부호로 바꿔, 기기 안 공간에 집어넣어 두고, 필요하면 꺼내면 된다고 생각할 수 있다. 하지만 인간의 기억은 수동적인 저장을 넘어 능동적인 구성을 포함한다. 외부 정보를 받아들여 부호화(encoding)하고, 이를 유지 혹은 저장(storage)하였다가, 인출

(retrieval)하는 정보 처리 과정에 구성적 처리가 관여한다. 예를 들어, 범행 장면을 목격하고 그림처럼(이미지 부호) 생생하게 머릿속에 저장했던(부호화) 내용이, 시간이 지나며 과거에 알고 있던 범죄 사건 기억과 섞여, 법정 증언(언어 부호)에 포함될(인출) 수도 있다. 세 과정이 상호작용하며, 기억의 성공과 실패(망각), 정확한 기억과 왜곡, 추론과 편향을 만들어 내는 것이다.

PQ4R 학습 방법

한 장의 내용을 처음부터 무작정 읽기 시작하기 전에 우선 전체 장의 구성을 훑어보는 것이 좋다. 전체 장이 어떤 하위 단락으로 구성되어 있으며, 각 단락의 제목은 무엇이고, 다시 어떤 하위 문단들로 나눠져 있고 그 문단에 붙여진 소제목은 무엇인지 살펴보는 것이다. 이 전체 구조를 노트에 다시 한 번 적어보는 것도 좋은 방법이다. 공부할 내용이 어떤 구조로 되었는지, 공부할 내용이 각기 어떤 부분에 들어가 있는지를 파악하는, 일종의 틀을 만드는 작업이다. 아울러 책장을 넘기며, 재미있어 보이거나 관심을 끄는 그림, 도표 등도 훑어본다. 나중에 정독할 것이기에 이해가 안 돼도 상관없다(Preview, 훑어보기).

훑어보며 해야 할 중요한 작업은 마음에 떠오르는 의문과 생각을 정리하는 것이다. 예를 들어 '부호화'라는 단어를 보고, "내가 아는 것은 모리스 부호인데, 기억도 이런 부호란 말인가?"라는 식의 의문을 갖는 것이다. 백지에 기록하는 것이 아니고, 알고 있는 사전 지식과 연결시키는 것이 학습이다. 의문을 갖는 것은 바로 이런 연결을 시도하는 과정이다. 물론 어떤 의문도 떠오르지 않을 때는 소제목을 단순한 질문으로("인출이란 게 뭐야?") 만들면 된다. 질문을 만드는 게 사실 쉬운 일은 아니기에 적극적인 노력과 훈련이 필요하다(Question, 의문제기).

다음은 읽는 과정이다. 꼼꼼히 문장 하나하나를 읽으며, 훑어보면서 생겼던 의문의 답을 찾도록 한다. 그리고 이해가 어려운 부분은 표시를 하고(나중에 선생님이나 다른 사람에게 질문할 수 있도록), 한 문단 읽기를 마친 후에는, 그 문단의 요지를 한두 문장으로 다시 요약해 책 옆 공간이나 노트에 적어본다. 이 세 과정은 말하자면 자신의 이해도를 점검하며 읽기를 하라는 것이다. 특히 핵심 요지를 쓸 수 없다면, 이해에 실패한 것이라고 해도 과언은 아니다. 교과서 읽기 전후에 강의나 수업을 듣는 것이 보통이기에, 수업 내용과 책 읽은 내용을 연결시키도록 한다. 자신이 요약했던 노트와 강의 노트를 합쳐 새롭게 내용을 구성하면 금상첨화다(Read, 능동적 읽기).

읽을 때나 읽고 나서 해야 할 중요한 작업은, 새로 접한 용어(개념)들을 잘 암기하는 것이다. 내용이 새롭다는 것은 필수적으로 새로운 용어를 배워야 한다는 것을 의미한다. 여기서 암기하라는 것은 용어들을 단순히 앵무새처럼 입으로 반복하라는 것이 아니다. 용어가 의미하는 바를 잘 이해하여, 용어가 어떻게 사용되며, 용어의 구체적인 예가 무엇인지를 말할 수 있도록 하라는 것이다. 대부분의 책에서 주요 용어들은 본문에서 고딕과 같은 다른 폰트로 표시하거나 장의 끝부분에 따로 모아 놓는다(Recite, 뜻을 암기하기).

한 장의 읽기가 끝났다면 내용을 전체적으로 숙고해보는 담금질 과정이 필요하다. 한 장의 구조를 머릿속에 떠올려 보고, 각 단락과 문단에 포함된 내용을 기억해 보고, 주요 용어를 스스로 설명해 보고, 수업에서 중요하다고 언급되었던 내용이 무엇인지 머릿속에서 정리하는 것이다. 기억이 잘 안 되면 책이나 노트를 다시 보고 확인한다(Reflect, 숙고하기).

지금까지의 과정을 정리하자. 1) 한 장의 내용이 어떻게 조직, 구성되었는지 파악하고 머릿속에 기본적인 틀로 만들어 놓고, 2) 이미 알고 있는 지식과 연결시키려고 노력해야 하며, 3) 읽으면서 자신의 이해도를 점검하고 실패하는 경우 다시 읽거나, 다른 사람에게 질문하여 해결해야 하고, 4) 주요 용어들을 잘 이해하여 능숙하게 사용할 수 있도록 만들며, 5) 이 네 가지 작업을 머릿속에서 연습한다. 6) 그리고 시험을 앞두고 이 전 과정을 다시 한 번 복습(Review)하면 된다. 이 여섯 과정이 PQ4R(Preview, Question, Read, Recite, Reflect, Review)이라고 불리는 학습 방법이며 기억을 돕는다고 알려졌다.

인출 연습에 관한 실험

하나 더 추가할 수 있는 기억 전략으로 인출 연습(Retrieval practice)이 있다. 인출 연습이란 말 그대로 학습한 내용을 끄집어내는 연습을 하는 것이다. 예를 들어 공부했던 주요 용어들을 인출 연습 한다면, 용어들을 목록 카드에 하나씩 적은 후 한 카드를 뽑아 나온 용어를 설명해본다. 그리고 모든 용어를 설명할 수 있을 때까지 반복하면 된다. 혹은 스스로 주관식 문제(예, 기억의 종류를 비교하라)를 내고 답을 써볼 수도 있다. 말하자면 스스로 출제자가 되어 문제를 내고 시험을 봐 기억을 검사해 보는 모든 방법이 인출 연습이다. 그래서 검사 효과(testing effects)라고도 부른다.

최근에 SCIENCE지에 실린 실험 논문이 인출 연습의 중요성을 보여준다. 연구자들은 학생들에게 40개의 스와힐리어-영어 단어 쌍(mashua-boat)을 다음과 같은 네 조건에서 학습하도록 하고 비교하였다.

1. ST 조건: 40개 단어 쌍을 학습한 후 스와힐리어 단서를 주고 영어 단어(즉, mashuta - ?)를 기억하도록 한다. 그리고 이러한 공부와 검사(Study-Test)를 하나의 묶음으로 4번 반복한다.

2. SnT 조건: 40개 단어 쌍을 학습한 후 스와힐리어 단서를 주고 영어 단어(즉, mashuta - ?)를 기억하게 한다. 그리고 두 번째부터 네 번째 공부-검사 묶음까지는 검사에서 기억해 내지 못한 단어 쌍만 다시 학습하도록(Sn) 하고, 검사는 40개의 단어 쌍 모두에 대해 반복한다.

3. STn 조건: 40개 단어 쌍을 학습하고, 스와힐리어 단서를 주고 영어 단어(즉, mashuta - ?)를 기억하게 한 후, 두 번째부터 네 번째 공부-검사 묶음까지는 모든 단어를 다시 학습시켰지만 검사에서는 기억해 내지 못했던 단어 쌍만 검사(Tn)한다.

4. SnTn 조건: 40개 단어 쌍을 학습하고 스와힐리어 단서를 주고 영어 단어(즉, mashuta - ?)를 기억하게 한 후, 두 번째 공부-검사 묶음부터는 검사에서 기억해 내지 못한 단어 쌍만 다시 학습 하도록(Sn) 하고, 검사에서도 기억해내지 못했던 단어 쌍만 검사(Tn)한다.

이 네 가지 방식으로 공부와 검사를 했던 실험 참가자들을 일주일 후에 다시 불러 40개의 단어 쌍에 대해 기억검사(즉, mashuta - ?)를 실시하였다. 실험 상황이 독자들에게는 다소 복잡하겠지만, 실험 결과를 예측해 보자. 일주일 지난 후에도 어느 조건에서 기억을 더 잘했을까? 만약 반복 학습이 반복 검사보다 중요하다면 1), 3) 조건이 1), 2) 조건보다 더 좋을 것이고, 반복검사가 더 중요하다면 반대의 예측이 가능하다. 일반적으로 우리는, 위와 같은 상황에서 "다시 학습할래, 시험볼래 (즉, 검사를 받을래)?"를 선택하게 하면 다시 학습하겠다는 것이 보통이다. 즉 기억을 인출하는 검사를 받기보다는 다시 공부하는 것이 기억에 도움이 될 것이라고 여긴다. 하지만 실험 결과는 이러한 상식을 뒤집는다.

아래 그래프에서 나타난 것처럼 반복적으로 검사했던 조건(1과 2)이 다른 두 조건(3, 4)에 비해 훨씬 기억을 잘하였다. 이 결과는 인출 연습, 즉 시험이나 검사의 중요성을 명확하게 보여주는 것이며, 검사 과정에서도 학습이 일어날 수 있다는 것을 시사한다. 최근의 역시 같은 잡지에 실린 다른 실험 결과는 인출 연습이 학습할 내용(단어 쌍)을 매개하는 요인에 영향을 끼친다는 가설을 제안하고 증거를 제시하고 있다. 추후 연구를 통해 보다 자세한 기제가 밝혀져야 할 것이다. 하지만 교훈은 확실하다. 인출연습의 'R'을 포함시켜 PQ5R이 기억을 잘 하게 하는 효율적인 공부 방법이 될 것이다.

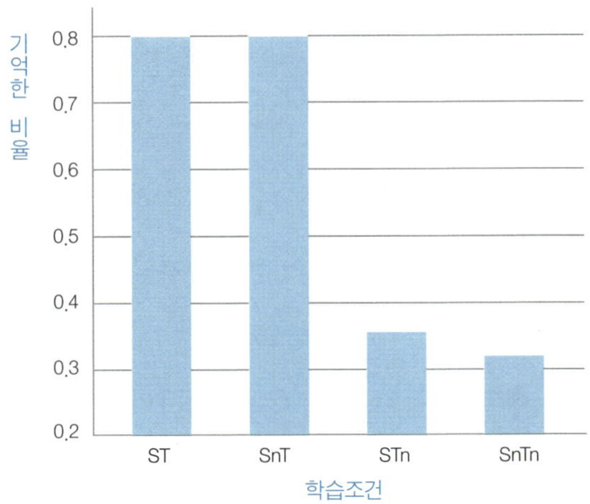

인출 연습 실험 결과

생각하고 궁리하는 사고 과정의 심리학

문제 해결 과정

| 사람들은 어떤 방식으로 목표 상태에 도달하려 할까?

사고를 '생각하고 궁리하는' 마음의 작용으로 국어사전에서는 정의 내린다. 이렇게 본다면 인간의 모든 지적인 활동이 사고라고 할 수 있다. 심리학자 존슨-레이어드(Johnson-Laird)는 사고 과정을 다음 그림과 같이 분류하며 정리를 한다. 우선 '목표'를 가지고 있느냐에 따라 나누면, 목표가 없는 것은 연상적 사고에 해당된다. 백일몽 상태에서 하는 생각이나, 특별한 목표가 없이 이런저런 연상되는 생각을 하는 경우이다. 목표가 있어야 일반적으로 사고라고 부를 수 있다. 두 번째 분류 기준은 사고 과정이 '결정론적'이냐의 여부로, 주어진 목표를 달성하는 절차가 이미 정해져 있는가이다. 예를 들어 이차방정식의 해답을 얻는 계산 절차는 결정되어 있어 이를 무조건 따르면 된다. 하지만 우리가 하는 대부분의 사고는 목표 달성 절차가 정해져 있지 않다. 세 번째 분류 기준은 사고의 '출발점'이 정해져 있느냐 여부이다. 예를 들어 미로를 통과해 목표까지 가야 하는 퀴즈나 논리적 추론은 시작하는 출발점과 목표가 명확하다. 하지만 우리 일상생활에서의 사고는 목표는 있지만, 목표 달성을 위해 어디서 출발해야 되는지가 확실치 않다. 이러한 사고를 보통 문제 해결이라고 부른다. 그리고 특히 목표가 '새롭고' 동시에 '유용한' 것을 만들어 내는 것이라면 이는 '창의적 사고 과정'이 된다. 논리적 추론은 새로운 정보를 얻게 되느냐에 따라 연역추리와 귀납추리로 나뉜다. 이 분류 체계로 사고의 종류가 어느 정도는 구분되었을 것이다. 이번 글에서는 창의적, 논리적 사고는 제외하고, 가장 일반적인 사고 과정이라고 할 수 있는 문제 해결 전략들을 살펴보자.

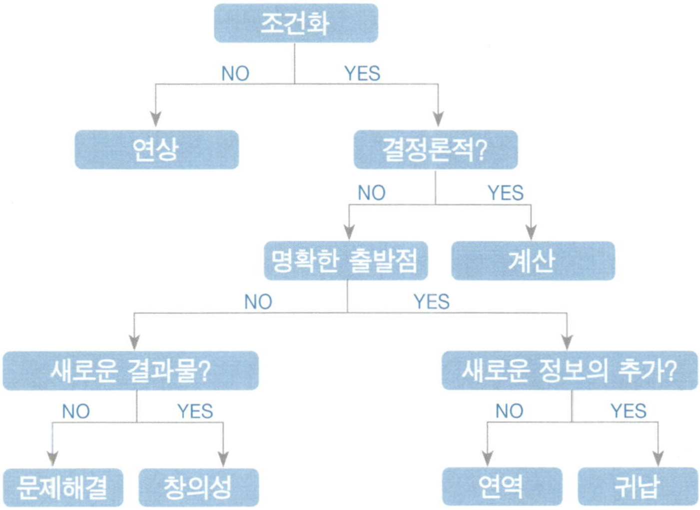

| 사고 과정의 분류

문제의 기본 요소

문제 해결의 인지적 과정을 검토하기 위해, 모든 문제가 갖고 있는 기본 요소와 일반적인 해결 절차를 다음 그림 예로 생각해 보자.

"원숭이 한 마리가 우리에 갇혀있고 우리 밖, 팔이 닿지 않는 곳에 바나나가 하나 놓여 있다. 그리고 우리 안에 대나무 낚싯대가 있다. 원숭이가 우선 팔을 뻗어 바나나를 잡으려고 여러 번 시도하지만 되지 않자, 주위를 둘러보다 옆에 있는 대나무 낚싯대를 하나씩 끼워 긴 막대를 만든 후 이를 이용해 바나나를 끌어당겨 먹게 된다."

| 바나나를 얻기 위한 원숭이의 문제 해결

이 상황은 얻고자 하는 목표가 있고(즉 바나나를 얻는), 제약이 있다(우리를 부수고 나갈 수는 없다). 목표 달성을 위한 도구 혹은 대상(낚싯대)과 조작(낚싯대를 맞춰 막대를 만들어 바나나를 끌어당기는)이 있다. 이 네 가지는 문제의 구성요소가 된다. 그리고 처음 상태에서 목표 상태에 도달하기 위해 여러 가지 시도를 하는 중간 단계가 있다. 다시 말하면, 문제 해결이란 결국 주어진 처음 상태와 목표 상태의 차이를 줄이려고 여러 가지 시도를 하는 과정 혹은 탐색하는 과정이라고 개념화할 수 있다. 그렇다면 사람들은 어떤 방식으로 목표 상태에 도달하려 할까? 앞서 잠시 언급했던 것처럼, 한 가능성은 이차방정식에서 답을 구할 때처럼 정해진 절차(공식)를 그대로 따라가며 해결할 수 있다. 이런 정해진 절차를 연산법(algorithm)이라고 한다. 하지만 일상생활에서의 문제들은 정해진 해결 절차가 있을 수 없다. 사람들의 실제 문제 해결 과정을 살펴보면, 해결을 100% 보장 못 하지만, 자신의 경험이나 기억을 동원하거나, 문제 해결 상황에 주어진 정보에 의존하여 해결하려는 것을 알 수 있다. 이를 연산법과 대비시켜, 발견법(heuristic) 혹은 전략(strategy)이라고 부른다. 말하자면 정해진 절차를 따르기보다는 사용할 수 있는 여러 간편법(rules of thumb)을 활용하는 것이다.

수단 목표 분석법

가장 흔히 쓰이는 전략의 하나가 차이 감소법이다. 말뜻 그대로 현재 상태와 목표 상태 간의 차이를 줄이려는 전략이다. 현재 상태에서 조작하여 변화된 상태가 목표 상태와 얼마나 유사한가를 평가해 가는 방식이다. 차이 감소법은 보통 자신에게 친숙하지 않은 문제를 해결할 때 자주 사용되는 일반적인 전략이지만, 문제 해결에 걸림돌이 될 수도 있다. 목표 상태와 비슷해지려는 시도가 오히려 해결을 저해할 수도 있다. 차이 감소법보다 세련된 방법이 수단-목표 분석법(means-ends analysis)이다. 이 전략은 우선 현재 상태와 목표 상태와의 차이를 파악한다. 그리고 이 차이를 줄일 수 있는 하위 목표를 만들고 이를 달성할 수 있는 조작을 시행한다. 차이 감소법과는 달리, 수단-목표 분석이라는 말이 지칭하는 것처럼, 최종 목표를 일련의 하위 목표로 나누고 각 하위 목표를 달성하는 수단을 수행함으로써 최종적인 목표에 도달하는 문제 해결 전략이다. 다음에 있는 하노이 타워 문제를 풀어 보길 바란다. 이 문제를 풀도록 하면 사람들은 처음에는 차이 감소법을 사용하지만, 이 전략으로는 해결되지 않기에 수단-목표 분석으로 바꾸어 해결하게 된다.

"가운더 구멍이 있는 세 가지 크기의 원형 나무 토막이 1번 나무 막대에 꽂혀 있다. 목표는 이 세 나무 토막을 다른 쪽 끝에 있는 3번 막대로 옮기는 것이다. 한 번에 하나의 나무 토막만을 움직일 수 있으며 작은 나무 토막 위에는 그것보다 큰 토막을 올려놔서는 안 된다."

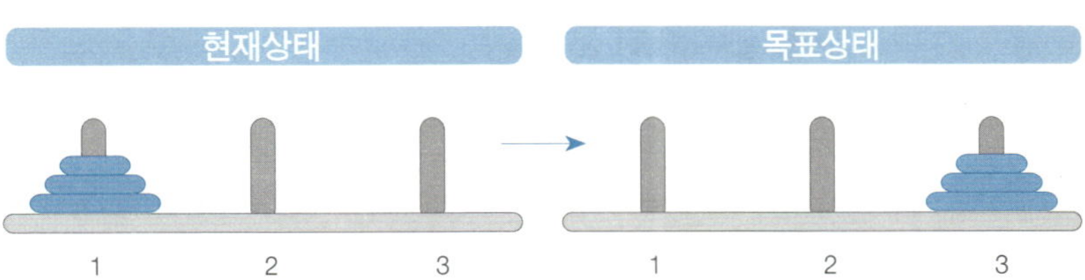

하노이 타워 문제

유추법

또 다른 발견법의 하나로 유추(analogy)가 있다. 우리가 잘 알고 있는 어떤 대상에 관한 지식을 문제 해결에 끌어 쓰는 전략이다. 좋은 예가 원자 구조 모형이다. 당시 잘 알려진 태양계의 구조, 즉 태양을 중심으로 여러 위성이 돌고 있다는 지식을, 원자의 구조에 적용해 원자핵의 주변을 여러 전자가 돌고 있다고 개념화한 것이다. 유추 과정은 특히 여러 창의적인 문제 해결에서 중요한 역할을 한다고 한다. 다음 문제를 풀어 보자.

> "한 환자의 위 속에 종양이 생겼다. 사정상 수술을 할 수 없는 상태인데, 이 종양을 제거하지 않으면 환자는 죽게 된다. 한 방법으로 레이저 치료를 하면 된다. 그런데 이 방법을 쓰려면 레이저의 강도가 충분히 강해야만 종양을 파괴시킬 수 있고 약하면 종양을 죽일 수 없다. 하지만 문제는 강한 레이저를 사용하면 종양 주변의 건강한 조직도 함께 파괴된다는 것이다. 약한 강도일 경우는 조직이 상하지 않지만, 종양 역시 파괴할 수가 없다."

여러분이 의사라면 어떻게 할 것인가를 치료법을 생각해 보자. 답을 못 찾았으면, 다음 이야기를 읽어보도록 하자.

> "옛날 어느 나라에 독재자가 있었는데, 그는 나라 가운데 튼튼한 요새를 짓고 살고 있었다. 이 요새 주변에는 농장이나 계곡 등이 있었으며 이 요새로 가는 여러 갈래 길이 있었다. 한 장군이 이 독재자를 제거하려 마음을 먹고, 자신의 모든 병력을 투입하면 이 요새를 함락시킬 수가 있다고 생각했다. 그런데 독재자가 여러 갈래 길에 지뢰를 설치해 놓았다. 특히 이 지뢰는 적은 수의 사람들은 안전하게 피해갈 수 있지만 많은 병력이 지나가게 되면 폭발하여 길뿐만 아니라 주변 마을까지도 파괴할 정도로 강한 것이었다. 적은 병력으로는 지뢰는 피할 수 있으나 요새를 함락시킬 수 없고, 많은 병력이 투입되면 쉽게 발각되어 손실이 클 것이다. 그래서 이 장군은 단순한 작전을 세웠다. 우선 자신의 모든 병력을 적은 수의

분대로 나눈 후 각 분대를 여러 갈래 길에 각각 배치하였다. 그리고 각 분대가 출발하여 길을 따라가도록 하고, 정해진 시간에 모든 병력이 요새에 집합하도록 하였다. 결국, 강한 병력으로 요새를 함락하고 독재자를 처단하였다."

이 이야기를 참고하여 앞의 종양 문제를 다시 해결해보자. 정답은 주변 조직이 상하지 않을 정도의 약한 레이저를 종양을 중심으로 여러 방향에서 투사하여, 이들이 종양에서 모두 합쳐져 강해지도록 하는 것이다. 독재자 이야기의 해결 방법과 동일하다. 비록 두 문제가, 표면적으로는 전혀 다른 내용에 관한 것이지만 문제의 구조는 동일하다고 할 수 있다. 이제 유추에 의한 문제 해결 과정을 이해했을 것이다. 유추에 의해 문제를 해결하기 위해서는 두 영역을 잘 대응시키는 것이 필요하다. 하지만 일상생활에서 유추를 활용하기는 쉽지 않다. 왜

유추를 통한 문제 해결의 예

냐하면, 앞서 말한 것처럼, 우선 한 영역에 관한 잘 정리된 지식이 있어야 하고, 이를 다른 영역과 구조적인 측면에서 대응시키는 작업이필요하기 때문이다. 문제의 피상적인 특징이 유사하다고 유추를 하면 오히려 문제 해결을 방해할 수 있다. 우리가 얻을 수 있는 교훈은, 여러 분야에 관한 넓고, 깊은 지식을 얻을 필요가 있다는 것이다. 여러분이 자연계 전공이더라도 인문, 사회과학 지식을, 인문계 전공이더라도 자연과학 지식을 열심히 얻고 이를 자신의 전공과 관련시키려는 노력한다면 성공적인 유추와 창의적인 해결을 이룰 수 있을 것이다.

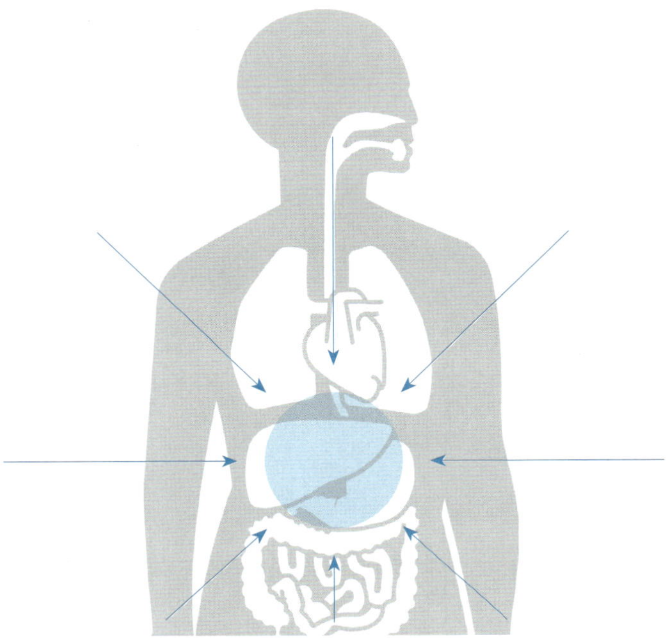

종양 문제에 대한 해답

언어를 통한 마음 탐구

아이들은 어떻게 언어를 습득하는가?

| 아이들이 언어를 습득하는 과정은 한편으로는 당연하고, 어찌 생각하면 아주 희한하다.

심리학자들은 사람들이 일상생활에서 사용하는 말과 글을 여러 가지 방식으로 분석하여 마음 탐구의 시작으로 삼는다. "마음을 언어라는 창이 가리고 있다. 우리가 할 일은 창을 깨끗이 닦아 마음이 제 모습을 드러내도록 하는 것이다"라는 필자의 선생님인 조명한 교수님께서 쓰신 표현은 언어에 대한 심리학도의 관심을 웅변한다. 사람의 인지적, 정서적 과정이 언어로 가장 잘 드러나기에 이를 분석하면 마음의 작용 기제를 이해할 수 있다고 생각하기 때문이다. 특히 언어 사용 과정에 초점을 두어 연구하는 심리학의 하위 분야가 바로 언어심리학으로, 우리는 어떻게 말이나 글을 산출하고, 말이나 글을 어떻게 받아들이고 이해하며 기억하는지, 그리고 아이들이 언어를 어떻게 습득하는지가 탐구 주제이다. 이번 글에서는 몇 가지 언어 습득에 관한 흥미로운 연구 결과를 살펴보자.

언어를 습득하는 과정

아이들이 언어를 습득하는 과정을 한편으로는 당연하고, 어찌 생각하면 아주 희한하다는 표현을 한다. 건강한 아이가 별 어려움 없이 말을 배운다는 의미에서 당연한 것이고, 그럼에도 불구하고, 그 습득의 기제나 과정을 과학적으로 설명하기가 쉽지 않기에 신기하다는 의미이다. 물론 아이들의 언어 습득 과정을, 독자들이 이미 알고 있는 조건화라는 학습 과정으로 설명할 수는 있다. 즉 아기들이 4~6개월 사이에 말소리를 옹알거리기 시작하면, 이를 엄마가 듣고 정확한 언어 표현을 강화하고 그렇지 않은 말은 무시하여, 말을 배워가도록 가르친다고 설명할 수 있다. 단순한 설명이라는 점에서 매력적이지만 많은 연구자는 이 설명에 동의하지 않는다. 실제 양육 장면을 관찰해 보면, 부모는 아이가 정확하게 말하도록 가르치지 않으며, 아이도 부모의 말을 단순히 모방하지 않는다는 증거가 많기 때문이다.

인간은 언어를 습득할 수 있는 특별한 능력을 가지고 태어난다고 주장할 수도 있다. 언어 습득과 발달은 선천적이며, 생물학적으로 결정된 능력이라고 할 수 있는데, 이는 소위 말하는 생득론(nativist theory)이다. 특히 촘스키(Chomsky) 같은 학자는 인간의 뇌에는 언어 학습을 촉진하는 선천적 언어습득 장치(Language Acquisition Device, LAD)가 있다고까지 주장한다. 그러기에 적절한 입력을 받기만 하면 언어 습득이 가능하다는 것이다. 그리고 이 언어 습득 능력은 일반적인 인지 능력, 즉 지능과는 구별되는 독립적인 장치라고까지 주장한다. 실제로 지능은 낮지만 탁월한 언어 능력을 보이는 사례와 반대로 지능은 정상인데, 언어의 문법적 능력은 결함을 보이는 사례들이 이러한 주장의 증거가 된다.

최근 들어 영아의 언어 습득과 발달에 관한 많은 연구 결과가 나오고 있다. 우선 태어난 지 몇 개월밖에 되지 않은 영아들을 대상으로 어떻게 연구하고 실험하는지 궁금할 것이다. 아기들이 갖고 있는 능력과 정교한 장치를 결합하면 된다. 예를 들어 고무 젖꼭지에 센서를 연결해, 압력을 감지하고 이를 연결하여 프로젝터의 화면을 변경할 수 있는 장치를 만든다. 그리고 5주에서 12주 된 아기들에게 이 젖꼭지를 물리면 아주 쉽게 자신의 젖꼭지 빨기를 변화시켜 화면에 보이는 그림이 뚜렷하게 보이도록 조정할 수 있다고 한다. 또한, 아기들도 새롭고 신기한 것에 주의를 기울이는 데는 어른 못지않다. 그러다가 관심을 끌었던 것이 계속 반복되면 흥미를 잃게 되는 것도 어른과 마찬가지다. 이를 보통 습관화(habituation)라고 부른다. 이 상태에서 아기들이 구별해 낼 수 있는 다른 대상이 제시되면 다시 관심을 보인다. 예를 들어, 아기들에게 "ba"라는 소리를 들려주면 처음에는 열심히 젖꼭지를 빨지만 계속 들려주면 점차 흥미를 잃고 빨기가 줄어들고 나중에는 멈춘다. 그러다 다른 소리인 "pa"를 들려주면 다시 빨기가 증가한다. 이는 아기들이 두 소리를 서로 다른 것으로 구별할 수 있다는 것을 알려주는 것이다. 혹은 그림을 보여주고 아기들의 눈동자 응시 시

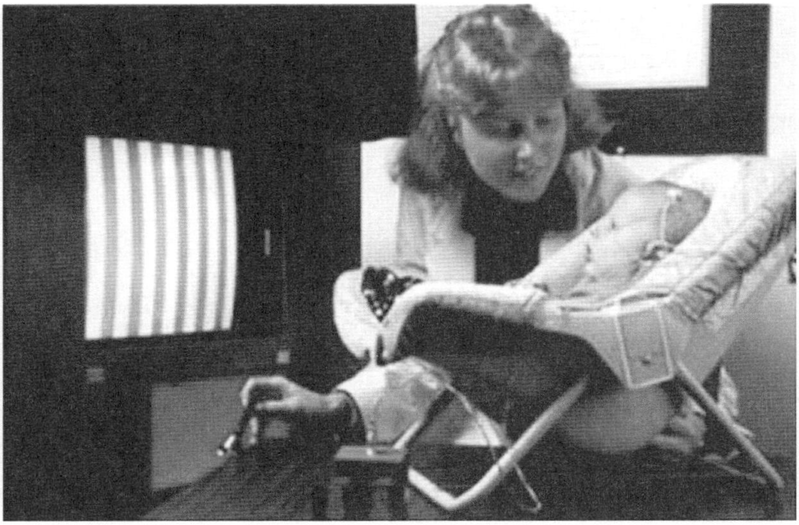

영아의 언어 습득과 발달에 관한 연구

간이나 횟수를 기록하고, 다른 그림을 보여주어 응시 시간의 변화로 아기들이 두 그림을 구별하는지 파악할 수도 있다.

영아의 언어 능력에 관한 흥미로운 연구가 너무 많아 소개하기 곤란할 지경이다. 간단하게 정리하면 영아는 말소리와 비언어적 소리를(개 짖는 소리) 구별할 줄 알고, 다른 소리보다 단어 듣기를 더 좋아한다고 한다. 자신이 듣는 언어가 바뀐 것을 알아채기도 한다. 즉 영어 문장에 습관화시킨 후, 다른 영어 문장을 들려주면 반응을 보이지 않지만, 스페인 문장으로 바뀌면 이 변화를 알아챈다는 것이다. 주변에서 말소리가 들리면 그곳으로 주의를 기울이고, 사람의 얼굴 모양을 좋아하고, 특히 말하는 사람의 입술을 응시한다고 한다. 심지어는 말하는 사람의 입 모양이 말소리와 일치하는 동영상과 그렇지 않은 동영상을 구별하기도 한다는 것이다. 이러한 결과들은 모두 생득론 입장을 지지하는 것처럼 보인다. 즉 아이들은 언어를 쉽게 습득할 수 있는 강력한 선천적 경향성을 갖고 태어난 것처럼 여겨진다.

노출되는 언어 환경도 중요하다

아이에게 노출되는 언어 환경이 중요하다는 증거도 있다. 미국에서 태어난 2개월 된 아기들에게, 영어 문장과 불어 문장을 들려주고, 그 말소리가 나는 방향으로 고개를 돌려 보는 시간을 측정하였더니, 영어에 대해 훨씬 신속하게 반응했다고 한다. 2개월 만에 이미 자신의 모국어에 더 민감해진 것이다. 6개월 정도 되면 영아들은 자신의 주변에서 듣는 언어의 특성을 구별해 낼 수 있으며, 8~10개월이 되면 자신의 모국어에 적절한 속성만을 처리한다. 이를 잘 보여주는 실험을 보자. 언어를 구성하는 소리의 가장 작은 단위를 음소(phoneme)라고 한다. 그리고 언어별로 그 언어에서 사용하는 음소의 종류와 숫자가 다르다. 예를 들어 /r/과 /l/ 발음은 영어에서는 음소이지만 우리말에서는 모두 /ㄹ/로 발음하기에 /라면/의 /라/를 /r/로 발음하건 /l/로 발음하건 의미의 변화가 없다. 하지만 영어에서는 /rice/와 /lice/를 구별해 발음해야 한다. 사실 대부분의 한국 사람, 특히 사춘기 이후에야 영어를 배운 사람들은 이 두 발음을 구별해 발음하는 것이나, 듣는 것이 쉽지 않다. 그래서 우리가 영어 /fried rice/를 발음해야 할 때 의식적으로 신경 써 발음해야 한다.

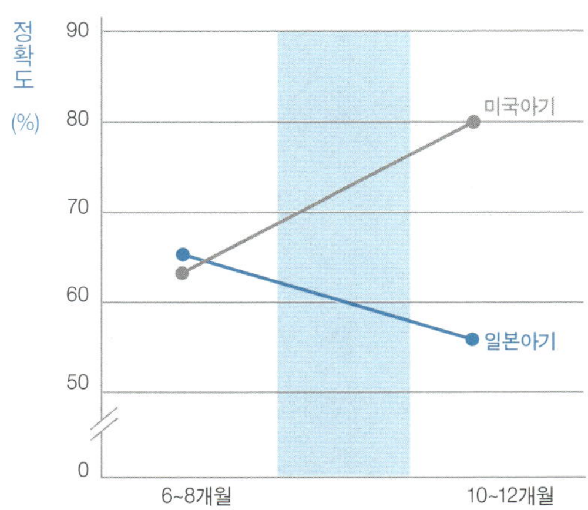

미국과 일본 영아들이 영어의 두 발음(/r/, /l/)을 어떻게 구별하는지에 관한 연구

발달심리학자 퀼과 동료들은 미국과 일본 영아들이 이 두 발음을 어떻게 구별하는지 연구하였다. 여러분이 알고 있는 것처럼 일본어도 우리말과 같이 영어의 두 발음(/r/, /l/)이 서로 다른 음소가 아니다. 위 그림에 나타나 있는 것처럼 흥미롭게도 6~8개월 된 미국과 일본 아기들은 모두 이 두 발음을 구별할 수 있었다. 하지만 10~12개월이 되면 미국 아기들은 훨씬 잘 구별할 수 있게 되었지만, 일본 아기들은 오히려 두 발음을 구별하지 못하게 된다. 왜 이렇게 변했을까? 아마도 특정한 언어 환경에 노출되어, 그 언어에 적합한 능력만 살아남고 필요하지 않은 식별 능력은 없어진 것으로 추측할 수 있다. 말하자면 우리도 두 발음을 구별할 수 있는 능력을 갖고 태어났고 어렸을 때는 갖고 있었지만, 나이를 먹으며 한 언어에 노출되며 그 능력을 잃은 것이다.

그러기에 언어 습득과 발달은, 선천적이고 생득적인 능력과 환경적 경험의 상호 연결 속에서 진행된다고 생각해야 할 것이다. 생물학적인 기반이 언어를 습득하게 하는 것이지만, 언어를 사용하고 연습하는 환경 속에서만 그 능력이 발현되는 것이다. 그리고 가능한 한 일찍 다른 언어에 노출되는 것이 중요하다는 점도 확인할 수 있다.

개인차에 대한 이해와 측정

성격에 대한 평가

| 개인의 독특성에 관한 대표적 주제인 성격은 어떻게 평가할 수 있을까?

각 개인의 마음 작용은 다 다를까, 같은 면이 있으면 또 얼마나 같을까? 이 질문을 하는 이유는 심리학자로서는 한번 짚고 가야 할 주제이기 때문이다. 대부분의 심리학 연구에서는 인간의 공통적인 특성과 과정을 다룬다. 지각, 기억, 사고 등 마음에 작용하는 원인을 찾고 관계를 설정하는 것이다. 그런데 그런 마음의 작용은 구체적인 개인에게 일어나는 것인데, 하나로 묶어 처리해도 되는가 혹은 개인마다 다르지 않겠는가의 의문을 가질 수 있다.

개인차 심리학, 성격

보편적이고 일반적인 속성을 도출하는 과학 방법을 법칙 정립적(nomothetic)이라고 하고, 개별 특수성에 초점을 두는 방식을 특수 사례적(idiographic)이라고 부른다. 이 두 접근을 병행해야 하는 것이 바로 심리학의 운명이다. 대부분 자연과학은 전자에 만족하지만, 심리학은 두 가지를 함께 고려하며 탐구해야 하는 도전을 갖고 있는 셈이다. 인간이며 독특한 개체이기 때문이다. 물론 어떤 한 연구에서는 둘 중 어느 하나에 초점을 더 둘 수는 있다.

"열 길 물속은 알아도 한 길 사람 속은 알 수 없다"는 우리 속담은 이 두 가지 과학 방법이 모두 적용 불가능하다는 뉘앙스를 갖고 있는데, 사실 일반 사람들이 심리학에 대해 갖는 편견이기도 하다. 이 편견을 극복하고 심리학은 법칙 정립적인 과학으로 자리 잡았다. 물론 과학으로서의 심리학은 출발에서부터 개인의 독특성이라는 주제 역시 끈질기게 탐구해 왔다. 이 관심을 포괄하여 개인차 심리학이라 부를 수 있을 것이며, 대표적인 주제가 이 글에서 이야기하고자 하는 성격(personality)이다.

"이 일이 내 성격에 안 맞는다", "성격이 맞지 않아 못 살겠다" 식으로 우리는 일상생활에서 성격이란 단어를 많이 사용한다. 이 표현은 한 사람이 갖는 특성 전부를 지칭하는 것이기에 너무 포괄적이다. 성격심리학자인 알포트는 "환경에 대한 개인의 독특한 적응을 결정하는, 개인 내의 정신 신체적 체계의 역동적 조직"이라고 성격을 정의하는데 이 역시 복잡하기는 마찬가지다. 사실 단순하게 정의 내리는 것이 불가능하기도 하고, 또 그럴 수도 없는 개념이 성격이다. 정의의 문제는 차치하고, 그러면 어떻게 주변 사람의 성격을 알아볼 것인가, 즉 측정과 평가의 문제를 생각해보자.

한 사람의 성격을 알려고 하면, 가장 단순한 방법은 두꺼운 공책을 한 권 들고, 그 사람을 따라다니며 여러 상황에서 그 사람이 어떻게 행동하고 말하는지 기록하고, 생각이나 느낌을 물어 하나도 빠짐없이 적으면 될지 모르겠다. 얼마 동안? 한 십 년? 하지만 현실적인 방법이 아니며, 이를 허락하는 사람도 없을 것이다. 일전에 필자가 심리학을 공부한다는 것을 모르는 사람이, 내 성격을 알려 주겠다고 하며 동그라미가 그려진 종이를 보여주며 점을 찍어보라고 한 적이 있다. 필자가 원 안에 찍자, "내향적이시군요"라는 명쾌한(!) 진단을 받았다. 사실 필자는 내향적인 사람이다! 그런데 이런 식의 간편한, 성격을 알 수 있는 신비의 도구는 없다. 한 사람의 생활기록부와 같은 생애 기록이나 역사 자료가 사용될 수 있고, 부모, 선생님 등의 외부 관찰자의 평정이 사용될 수 있으며 스트레스 호르몬의 양이나 면역 세포의 수와 같은 생리학적인 측정이 사용될 수도 있다. 그리고 본인 스스로가 자신의 특성을 보고하도록 하는 자기 보고 자료가 있으며, 실제로는 이것이 가장 자주 쓰이는 성격 평가 방식이다.

어떤 자료를 사용하는 성격 평가 도구든지, 과학적인 측정 도구로 인정받으려면 심리 측정의 요건을 만족해야 한다. 가장 중요한 것은 신뢰도와 타당도이다. 신뢰도란, 그 도구가 얼마나 일관성 있게 재현될 수 있느냐이다. 필자가 다음날 점을 원 밖에 찍어 외향적인 사람으로 변신하면 안 되지 않겠는가! 타당도란 도구나 검사가 측정하려고 목적했던 것을 정확하게 측정하는 정도를 말한다. 심리학자들은 이 두 요건을 확보하기 위해 통계적인 방법과 여러 방식의 사전 연구를 통해 평가 도구를 만드는 것이다. 혹 여러분이 성격 검사를 받을 기회가 있다면, 그 검사의 신뢰도와 타당도를 물어야 한다. 답을 못 해주는 검사는 받을 필요가 없다.

5요인 성격 모형, Big Five

최근 성격심리학자들은 성격의 개인차를 잘 나타내는 모형 혹은 이론을 고안하고 이를 측정하는 검사를 개발하고 있으며 여러 연구 결과를 통해 합의에 이르고 있다. 5요인 성격 모형으로, 'Big Five'라는 애칭으로 부르고 있다. 이 흐름을 간략히 요약하자.

성격의 기본 단위를 발견하는 한 방법은 사람들이 사용하는 어휘를 분석하는 것이다. 즉 일상생활에서 중요한 인간의 특성(성격)이 우리의 자연 언어에 수록되어 있으므로, 성격을 나타내는 언어에 내재하는 구조를 찾음으로써 인간 성격의 기본 차원을 확인할 수 있다고 생각하는 것이다. 이를 어휘 가설이라고 부른다. 우선 성격을 기술하는 형용사들을 찾아 목록을 만든다. 영어의 경우 1800여 개의 어휘를 찾을 수 있다고 한다. 그리고 많은 사람에게, 이들 형용사들이 자신의 성격을 얼마나 정확하게 기술하고 있는가를 표시하는 방식으로 자신에 대해 평가를 하게 한다(1은 전혀 동의하지 않은, 2는 동의하지 않는 편, 3은 중간 정도, 4는 동의하는 편, 5는 매우 동의함, 이를 리커트형 5점 척도라고 한다).

이 자료는 사실 수백 명의 사람이 수백 개의 형용사에 대해 반응한 것이므로 말하자면 '수백 명 × 수백 개 평정'이 만들어지는 것이기에 눈으로 훑어보며 손으로 계산해 자료의 패턴을 알아내는 것은 불가능하다. 그래서 컴퓨터를 이용해, 자료를 축소하는 요인 분석(factor analysis)이라는 통계 기법을 사용한다. 논리는 간단하다. 몇 개의 형용사들에 대한 사람들의 반응이 아주 비슷하다면, 즉 관련성이 높다면 이는 기본적으로 그 형용사들이 어떤 공통적인 특성을 갖고 있다는 것을 말해 주며, 그러기에 밑바탕이 되는 한 요인으로 줄일 수 있다는 것을 의미한다. 반대의 경우도 있을 수 있다. 예를 들어 자신을 '책임감 있다'고 기술한 사람이 자신을 '창조적'이라고 응답하지 않았다면 이는 두 형용사가 서로 다른 것임을 말해 준다고 할 수 있다. 이런 분석을 통해 얻어진 것이 다음의 다섯 특성(Big Five)이며 각각의 하위 척도들이다.

특성	하위 척도
성실성 Conscientiousness	유능함, 질서, 의무감, 성취 노력, 자기 절제, 신중함
우호성 Agreeableness	신뢰, 솔직함, 이타성, 순종성, 겸손, 온유함
경험에 더한 개방성 Openness to Experience	환상, 미적 감수성, 감정, 행위, 관념, 가치
외향성 Extroversion	따뜻함, 사교성, 자기 주장성, 활동성, 흥분 추구, 정적 정서
신경증 성향 Neuroticism	불안, 분노, 적대감, 우울, 자의식, 충동성, 상처받기 쉬움

| 성격의 다섯 가지 요인

성실성 요인은 자기-절제, 의무감, 신중함, 성취 노력 등을 나타내며 즉흥적인 것보다 계획된 행동을 선호하고, 우호성은 타인에게 동정적이고 친절하며, 겸손과 신뢰, 온유함으로 나타나는 특질이다. 개방성은 호기심이 많고, 창의적이며, 심미적인 행동을 선호하는 것이고, 외향성은 사교적이고, 표현적이며 자기 주장적인 특질이다. 그리고 신경증적 성향 혹은 정서성이라고 표현하는 요인은 불안, 두려움, 의존성, 감수성 등을 나타내는 특질이다. 개인에 따라 다르게 나타나는 성격

을, 이 다섯 가지 요인 혹은 차원상에서 구분할 수 있다는 것이 바로 5요인 성격 모형의 핵심이다. 예를 들어 한 개인의 독특한 성격을, 성실성은 낮고, 우호성은 높으며, 개방성은 낮고, 아주 높은 외향성과, 낮은 신경증적 성향으로 표현할 수 있을 것이다.

이 모형이 널리 수용되고 활용되는 이유는 이 5요인이 특성들 간의 중복은 피하면서 다양한 성격의 개인 차를 설명해 줄 수 있으며, 앞에서 언급한 것처럼 여러 종류의 자료(면접자의 성격 평가나 행동 관찰)에서도 5요인이 똑같이 나왔기 때문이다. 더구나 이 5요인 기본 구조는 문화나 사용하는 언어와 관계없이 동일하다고 한다. 그러기에 인간의 보편적인 성격 구조가 아닌가 추측할 수도 있다. 물론 연구자에 따라 이 5요인을 다소 다르게 이름 붙이기도 하고, '정직/겸손성(Honesty/Humility)'이라는 여섯 번째 요인이 필요하다는 주장도 있다. 여러분도 이런 성격 검사를 받아 자신의 독특성에 대한 깊이 있는 이해를 하길 바란다.

지적 능력의 개인차

지능에 대한 이해

| 지능과 학업 성적과의 상관은 다양한 집단과 상황에 걸쳐 약 0.5(상관계수 r=.5)이다.

일반 사람들에게 가장 친숙한 심리학 용어는 무엇일까? 필자는 '지능', '지능 검사', '아이큐(IQ)' 같은 용어일 것이라고 추측한다. 거의 모든 사람이 학교 교육을 받으며 한두 번은 지능 검사를 받았을 것이고, 아이큐라는 단어가 지능을 나타내는 대명사처럼 쓰이고 있기 때문이다. 필자도 거의 40여 년 전 초등학교 때 이미 집단 지능 검사를 받은 것을 기억하고 있다. 우리나라에서도 비교적 일찍부터 외국에서 공부한 교육학자와 심리학자들에 의해 지능 검사가 개발되어 학교에서 활용되어 왔다. 그럼에도 불구하고 이들 용어에 관한 배경 지식은 그리 넓게 공유되고 있는 것 같지 않다. 이번 글에서는 개인차 심리학 연구의 중심 주제인 지능에 관해 특히 지능 검사가 개발된 역사적 배경과 지능의 본질을 중심으로 이야기해 보자.

지능 지수의 탄생

보충 수업이 필요한 아이들을 선별해 내기 위해 지능 검사를 만들었던 심리학자 알프레드 비네 (출처 : Wikipedia)

19세기 말에 프랑스에서 소위 말하는 대중 교육이 시작되었다. 모든 계층의 아이들이 한 반에서 학습하게 되니, 차이가 있을 수밖에 없어서, 보충 수업이 필요한 아이들을 선별해 내야 했다. 이 작업을 심리학자인 비네와 동료들이 맡았다. 과학으로서의 심리학이 출발한 지 얼마 안 되는 이 시기에 아이들의 지적 능력 혹은 인지 과정에서의 개인차에 관한 잘 정리된 생각, 즉 이론적 바탕은 없었을 것이다. 비네는 학급에서 가장 뛰어난 아이는 풀 수 있지만 그렇지 못한 아이들은 해결할 수 없는 논리 문제, 단어 기억 문제, 그림 외우기 등과 같은 문제를 만들었다. 이 과제 수행이 학업 수행의 성공 여부를 확인할 수 있는 객관적인 검사가 될 수 있다고 생각한 것이다. 그리고 이는 과거에 얼마나 학습했느냐를 측정하기보다는 기본적인 학업 능력을 평가한다는 의미에서 자연 지능(natural intelligence)이라고 불렀다.

8세 아이가 6세 아이들과 비슷한 수준의 문제 해결 능력을 보인다면, 보충 수업이 필요하게 되는 것이다. 나중에 심리학자들은 8세를 신체 연령, 6세를 정신 연령이라고 부르고 여기에 100을 곱해 하나의 숫자로 지능을 표현하게 된다. 이것이 비율 IQ(6/8 × 100 = 75)이다. 지능이 100이면 보통 평균에 해당한다는 이해가 여기서 출발한 것이다. 하지만 6세가 12세의 지적 능력을 보이는 것과 30세가 60세의 지적 능력을 보이는 것을 같게 다룰 수 없기에 이 비율 IQ는 더는 사용하지 않는다. 대신 각 개인(예, 한 명의 6세 아이)의 지능 검사 점수를 그 개인이 속하는 집단(예, 모든 6세 아이들)의 평균 점수로 나누고 100을 곱하는 편차 IQ가, 비네 이후에 개발되고 발전시켜온 여러 종류의 지능 검사에서 사용된다.

앞에서 잠시 언급한 것처럼 지능 검사 개발의 목적은 교육에 도움을 주고자 하는 것이었다. 즉 지적 능력을 파악하여 도우려는 좋은 의도로 개발한 것이다. 지능 검사로 측정하는 것이 지적 능력의 전부도 아니며, 또한 지적 능력을 하나의 숫자로 표현할 수 있다는 오만한 주장을 하려는 것도 아니다. 더구나 지능 검사 점수로 한 개인의 능력을 규정하고 그에 해당하는 취급을 정당시 하는 데 사용되어서는 안 된다.

지능의 본질

필자도 심리학을 처음 배울 때 그랬지만, 독자들도 여러 의문이 생길 것이다. 사람에 따라 지적 능력에 차이가 있을까? 있다면 이 차이는 어디서 오는 것일까? 이 능력의 차이를 어떻게 알 수 있을까? 즉 어떤 문제 혹은 과제 수행으로 알 수 있을까? 지적 능력의 차이를 하나의 숫자로 표현할 수 있단 말인가? 더 근본적으로 지능이란 무엇일까? 이 여러 의문에 대한 답은 독자들의 호기심과 탐구심에 넘기기로 하고 몇 가지 흥미로운 연구 결과들만을 살펴보자.

비네 이후로 수많은 심리학자가 지능 검사의 문항 개발, 지능의 밑바탕이 되는 능력의 종류, 지능의 유전적 영향 등을 연구해 왔다. 가장 확실한 결과는, 지능 검사가 다른 어떤 행동보다도 학교에서의 수행을 가장 잘 예측한다는 것이다. 물론 동기, 주의력, 부모의 영향 등 다른 요인도 있지만, 지능과 학업 성적과의 상관은 다양한 집단과 상황에 걸쳐 약 0.5(상관계수 r=.5)이다. 그리고 지능 점수는 직장에서의 직무 수행을 예측하는 가장 좋은 측정치라고도 한다. 심지어는 청소

년의 범죄율이나 평균 수명도 지능지수와 상관이 있다고 하니, 말하자면 지능 검사 점수는 지적인 사람이 잘하리라고 여겨지는 모든 행동을 예측할 수 있다.

그런데 우리가 지능이라고 부르는 능력은 모든 지적 과제 수행에 필요한 보편적이고 일반적인 것일까, 아니면 제한적이고 특수한 여러 지적 기술을 포함하고 있을까? 이 질문에 답을 하고자 성격의 개인차를 연구하는 데 사용하는 요인 분석 기법이 지능의 개인차와 밑바탕이 되는 요인을 찾는 데도 사용된다. 수백 명에게 수백 개의 지능 검사 문제를 풀게 하여 만들어진 점수 행렬에서 기본이 되는 요인을 찾으면 된다. 이러한 분석 결과를 어떻게 해석하는가는 심리학자들 간에 의견이 다르다. 스피어만 같은 학자는 일반 지능(보통 'g'로 표현)과 특징적인 기술(보통 's'로 표현)의 이요인 지능 이론을 주장하고, 서스톤과 같은 심리학자는 '단어 유창성', '언어이해', '숫자', '공간', '기억', '지각적 속도', '추리'와 같은 일곱 가지가 1차적인 정신 능력이라고 주장한다. 최근 회자하는 가드너의 다중 지능 이론에서는 여덟 가지 지능의 종류를 들고 있다. 이에 대한 논의는 하지 않겠지만, 이 여덟 가지는 지능이라기보다는 여러 재능을 나열한 것으로 보인다.

마지막으로 지능의 원천, 즉 선천적인 유전과 후천적인 양육에 의한 영향의 문제를 검토해보자. 독자들이 이미 인지 발달과 언어 습득 논의에서 보았듯이 이 '선천과 후천'의 문제는 지능에서도 비껴갈 수 없다. 이 두 영향을 살펴보는 방법의 하나가 유전적으로 동일한 일란성 쌍생아와 형제와 같이 반 정도만 유전자가 같은 이란성 쌍생아들을 대상으로, 양육된 환경이 비슷하거나, 그렇지 않은 경우를 찾아 지능과의 관련성을 살펴보는 것이다. 특히 지능 점수가 유전적 형질의 차이에 의해 야기될 비율(유전계수, heritability coefficient)을 수많은 연구 결과를 종합해 계산해 보면 약 .5라고 한다. 이는 약 50%의 지능 점수 차이가 유전에 의해 야기된다는 말이다. 이에 근거해 여러분의 지능의 반은 유전에 의해, 반은 환경에 의해 결정된다고 말할 수 있을까? 그렇지 않다. 유전 계수는 사람 간의 지능 차이를 50% 정도 유전으로 설명할 수 있다는 것이지 어느 한 개인에게 유전이 지능에 끼치는 영향을 나타내주는 것은 아니다. 어떤 지능 유전자가 있어 여러분의 지능을 결정하는 직접적인 원인이라고 생각하고 싶지만, 사실은 유전적 특성이 사회, 물리적 주변 환경과 복잡하게 상호작용하여 지능을 결정하는 것이다, 그리고 이 상호작용이 어떻게 일어나는지는 정확히 알기는 불가능해 보인다.

심리학자 플린(James Flynn)의 연구 결과는 흥미롭게도 지능을 결정하는 데 환경적 영향이 중요함을 시사한다. 옆의 그래프는 1932년부터 1978년까지의 미국에서의 IQ 점수의 변화를 보여주고 있으며, 사람들의 평균 지능 점수가 거의 15점이나 증가하고 있다. 왜 이런 현상이 나타났을까? 아마도 사람들이 점점 지능 검사 자체에 친숙해져 좋은 점수를 얻게 된 것일 수 있으며, 현대 사회가 더욱 추상적 사고나 여러 복잡한 문제 해결을 요구하는 환경이 되었으며, 바로 이런 문제를 지능 검사에서 묻기 때문이라고도 생각할 수 있다. 여하튼 중요한 것은 이 46년이란 기간이 어떤 유전적인 변화를 일으키기에는 너무 짧은 시간이기에, 환경적 요인이 지능에 끼치는 영향을 보여준다는 점이다. 즉 환경의 중요성을 깨닫게 한다.

앞에서 언급한 바와 같이, 이 결과는 유전과 환경이 복잡하게 상호작용하며 지적 발달을 책임진다는 것을 잘 보여준다. 아마도 유전적인 영향이 특정한 환경을 선택하게 하고(예를 들어 키가 크면 농구를 하게 되듯이, 기억 능력이 좋게 태어난 아이가 암기 게임을 좋아하게 되듯이), 이러한 환경에서의 지속적이고 오랜 경험이 지적 능력의 향상이라는 커다란 결과를 일으킬 수 있다는 것이 우리가 얻는 교훈이다.

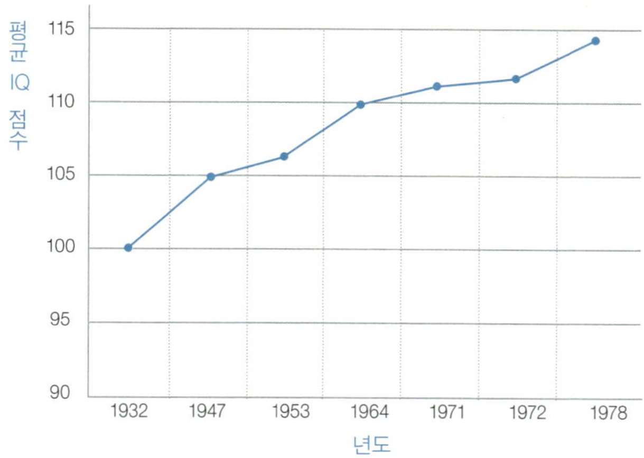

제임스 플린의 연구 결과는 지능을 결정하는 데 환경적 영향이 중요함을 시사한다.

PART 02

건강심리학

스트레스와 질병

| 스트레스가 면역 반응에 미치는 효과는 왜 사회적 지위가 건강과 관련되어 있는가를 설명할 수도 있다.

신체 질환의 원인과 치료에 영향을 끼치는 심리적 요인, 그리고 건강을 유지하는데 요구되는 심리적이며 생활 습관적 요인들을 탐구하는 건강심리학이 최근 심리학에서 인기를 얻고 있다. 건강을 유지하고 병에 걸리지 않는 것이 물리적, 생물학적인 신체의 문제만이 아니라, 심리적 문제도 있기 때문이다. 특히 스트레스와 질병이 주요 연구 주제의 하나이다. 한 초등학생이 지나가며 "아, 스트레스받네!"라고 중얼거리는 것을 들은 적이 있다. 일상생활 용어가 되어버린 스트레스에 대한 반응의 특징과 스트레스와 면역 체계의 관련성을 보여주는 몇몇 연구 결과를 살펴보자.

스트레스에 대한 일반적 적응 반응

캐나다 의사인 실리는 쥐에게 열, 추위, 감염, 외상, 뇌출혈과 같은 여러 종류의 만성 스트레스 원인을 주는 실험을 했다. 스트레스를 받은 쥐들은 부신피질의 확대, 흉선과 림프선의 축소 및 위와 십이지장 궤양 등과 같은 생리적 반응을 보였다. 아주 다양한 스트레스 원인에 대해서 같은 유형의 생리적 변화가 일어났기에 이를 일반적 적응 증후군(general adaptation syndrome)이라고 불렀으며, 아래 그림과 같은 세 단계의 생리적 스트레스 반응이 일어난다고 보고하였다.

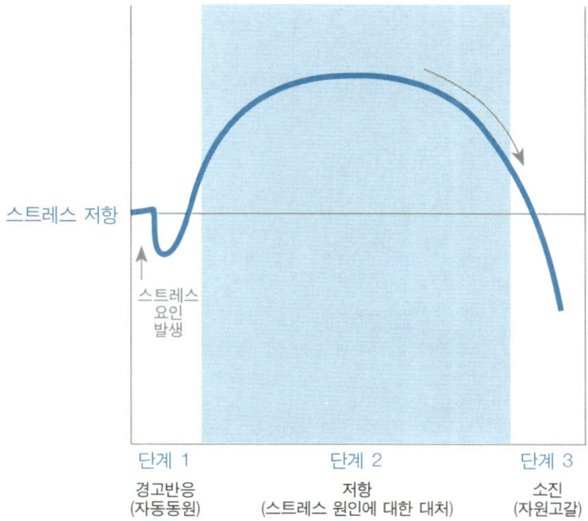

생리적 스트레스 반응

경고 단계: 초기 반응으로, 신체는 위협에 대응하려고 자원을 신속하게 동원한다. 에너지가 필요하기에 신체는 저장된 지방과 근육을 사용한다. 이 경고 단계는 싸울 것이냐 도망갈 것이냐(fight-or-flight)의 반응이며, 스트레스에 대한 저항이 낮다.

저항 단계: 신체가 스트레스에 대처하는 동안 신체의 각성 수준이 높아진다. 지방과 근육 자원을 지속적으로 사용하므로 필요 없는 과정, 즉 소화, 성장, 성적 충동 등이 중단된다. 월경이 중단되며 테스토스테론과 정자의 생산이 감소된다. 신체는 저항을 위해 혹사당하기에 회복을 못 하며 모든 즐거운 행동이 중단된다.

소진 단계: 신체의 저항이 붕괴된다. 저항 단계 동안의 많은 방어가 점차적으로 손상을 초래하고 결국에는 신체의 손상이 일어나게 된다.

소진 단계에서의 스트레스 효과는 노화, 신체 장기의 회복 가능하지 않은 손상 혹은 사망이다. 스트레스에 대한 신체의 저항은 소진에 들어가기 전까지만 지속된다.

스트레스와 면역 체계

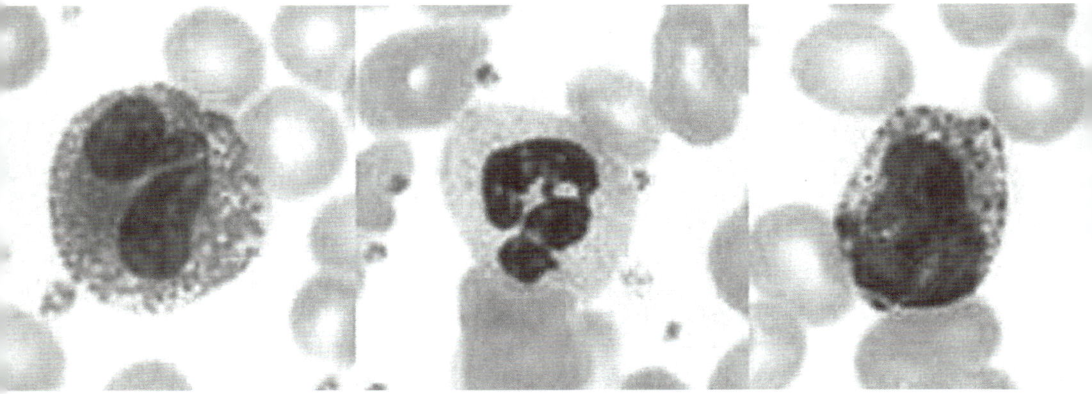

| 백혈구 세포

스트레스가 신체의 모든 측면에서 건강에 나쁘다는 사실은 우리 모두가 알고 있다. 여기에서는 건강에 필수적인 면역 체계와의 관련성을 살펴보고자 한다. 스트레스는 감염에 대한 취약성을 증가시켜 병들게 한다. 포진의 발병 가능성을 높이고, 잇몸 염증과 치주염을 악화시키고, 감기에 잘 걸리게 한다. 질병과 싸우는 우리의 면역 체계에 영향을 끼치는 것이다. 면역 체계는 박테리아, 바이러스와 다른 이물질로부터 신체를 보호하는 복잡한 반응 체계로 백혈구, 림프구(lymphocytes), 감염에 대항하는 항체를 만드는 세포가 포함된다. 그리고 면역 체계

는 심리적 조건에 의해서도 영향받는다. 앞에서 다룬 파블로프 조건화 과정(42쪽) 글에서, 면역 체계도 학습이 될 수 있다는 것을 배웠다. 이러한 분야를 모두 합쳐 심리신경면역학(psychoneuroimmunology) 이라고 부른다.

건강심리학은 스트레스에 관해, 어떻게 면역 체계가 스트레스의 여러 원인에 대해 그리고 다른 심리적 요인에 영향을 받는가를 탐구한다. 여러 스트레스의 원인은 글루코코르티코이드라는 호르몬이 뇌에 많이 분비되게 하고, 이것이 면역 체계를 마모시키고 결국 침입자와의 싸움을 약화시킨다. 한 연구 결과에 의하면 스트레스가 예방접종의 효과를 줄인다고 한다. 치매 환자를 돌보아야 하는, 즉 스트레스를 받고 있는 사람에게 독감 예방접종을 실시한 후 그들의 면역 반응을, 스트레스를 받지 않는 비슷한 사람들과 비교해 보니 면역 반응이 훨씬 약하게 나타났다고 한다. 이는 스트레스 경험이 항체와 면역 세포 반응을 약화시켜 접종의 효과를 줄이고, 그러기에 독감에 더 쉽게 걸리게 할 수 있다는 것을 보여준다.

스트레스는 상처 회복과 감기 예방에 관여하는 면역 반응도 감소시킨다. 한 연구에서 의과 대학생 중 일부 연구 자원자에게 입천장에 경미한 상처를 입혔는데, 스트레스가 높을 수밖에 없는 시험 기간이 여름 방학 기간에 비해 상처 회복이 더 더디게 이루어진다는 것을 관찰하였다. 아예 건강한 자원자들에게 감기 바이러스를 면봉에 묻혀 코에 바르는 실험도 했다. 이 지원자들 모두가 감기에 걸렸을까? 일부 사람들은 감기에 걸렸지만 감기에 걸리지 않는 사람도 많았으며, 한 달 이상 지속되는 만성 스트레스를 경험하는 사람들이 그렇지 않은 사람들에 비하여 감기 바이러스의 주입 후 더 많이 감기에 걸렸다. 실직했거나 주변 사람들과 심각한 문제가 있었던 사람들도 바이러스에 더 취약하였다.

스트레스가 면역 반응에 미치는 효과는 왜 사회적 지위가 건강과 관련되어 있는가를 설명할 수도 있다. 1960년대부터 시작된 영국 공무원들에 관한 연구들을 보면, 공무원의 지위가 높을수록 사망률이 낮다고 한다. 물론 낮은 지위의 직업을 가지고 있는 사람들이 흡연, 음주 등과 같은 건강하지 않은 생활 습관을 갖고 있기 때문일 수도 있지만, 낮은 지위에서 오는 스트레스가 면역 체계를 약화시키고 이것이 높은 사망률로 나타났을 가능성이 있다는 것이다. 사회적 활동이 스트레스, 건강, 사망률로 연결되는 고리가 있는 셈이다.

한 가지 흥미로운 것은 우리가 병에 걸렸을 때 나타나는 반응이다. 예를 들어 감기가 시작되면, 필자는 보통 목부터 아프기 시작한다. 목이 마치 뭐에 찔린 듯 침 삼키기가 힘들고, 콧물이 나오기 시작하며, 열이 나고 온몸이 쑤시고 힘이 없어진다. 할 수 있는 것이라곤 이불을 뒤집어쓰고 누워있는 수밖에 없다. 이런 아픔반응(행동)(sickness behavior or response)이 감염에 의한 염증 때문에 일어난 것이기도 하지만, 한편으로는 우리의 뇌가 만들어내는 일종의 적응 반응이라고 한다. 말하자면 아픔반응이 우리가 질병과 싸울 수 있게 한다는 것이다. 필자가

했듯이 할 일을 제쳐놓고 휴식을 취하며 평상시에는 여러 가지 행동에 썼던 에너지를 질병과 싸우는 데 사용할 수 있게 하는 것이다. 식욕이 없어지는 것도 비슷하게 소화에 쓰일 에너지를 투여할 수 있게 하는 것이다. 말하자면 아플 때 일어나는 여러 변화는 신체가 질병과 싸우는 것을 돕는다고 할 수 있다.

면역 체계가 감염 정보를 일련의 단계를 거쳐 뇌로 전달하며 이로 인하여 아픔반응이 일어나게 된다고 한다. 세균을 '잡아먹는 기능'을 가지는 대식세포(macrophages)라고 불리는 백혈구의 활동으로부터 시작되는데, 이 세포들은 사이토카인(cytokine)이라는 단백질을 분비해 다른 백혈구 세포와 소통하고, 장, 위, 흉부와 뇌를 연결하는 미주신경을 활성화시켜 감염되었다는 정보를 뇌에 전달한다고 한다. 그리고 뇌는 아픔반응을 만들어 우리 몸이 세균과 싸울 수 있도록 말하자면 몸을 쉬게 하는 것이라고 할 수 있다. 몸과 마음의 오묘한 작용에 감탄하지 않을 수가 없다. 앞으로의 연구를 통해 스트레스, 마음과 몸의 건강, 신경계와 면역 체계의 상호작용을 더욱더 잘 알게 되어 우리의 삶이 나아지는 날이 오길 기대해 본다.

정서 조절의 실패와 장애

우울증에 대한 이해

| 우리는 때로 기분이 처지고, 자신이 열등하며 비참하게 느껴지고, 미래에 대한 비관적인 생각으로 침울하고 슬픈 기분에 빠지는 경우가 종종 있다.

인간의 정서 경험과 표출이 우리 인간의 생존에 도움을 주는 적응적인 가치가 있다는 글을 앞에서(27쪽) 보았다. 집단적인 사회생활을 영위하는 유기체에게 정서 경험과 표출이 도움되기에 진화 과정에서 선택된 것이라는 주장이다. 그런데 우울과 같은 부정적인 정서도 순 기능이 있을까 하는 의문을 가질 수 있는데, 이 역시 "그렇다"라는 대답을 할 수 있다. 어떤 중요한 목표를 달성하려고 노력하는데 오히려 위험에 빠지거나, 신체적인 손상이나 헛수고가 될 수 있는 불리한 상황에 처할 수도 있다. 진화론적 입장의 연구자들은 이런 상황에서 비관적인 생각이나 동기의 결여(즉 행동하지 않게 하는), 즉 우울 경험이 더 이상의 위험이나 쓸데없는 행동을 억제하기에 적응적일 수 있다고 생각한다.

우울 경험의 긍정적 해석

이렇게 생각한다면, 우리의 우울한 정서 상태나 경험도 뭔가 새로운 변화를 주어야 한다는 신호, 즉 우리가 주어진 상황에서 무엇인가 다른 목표 추구나 시도를 해야 한다는 긍정적인 신호라고 확대 해석할 수 있을지 모른다. 우리 대부분이 때로는 기분이 처지고, 자신이 열등하며 비참하게 느껴지고, 미래에 대한 비관적인 생각으로 침울하고 슬픈 기분에 빠지는 경우가 종종 있는데, 이는 현 상태에 머물지 말고, 자신이 처한 환경에 대한 검토와 반성, 기존 목표의 조정, 시도했던 행동의 철수, 새로운 계획이나 방향의 설정이 필요함을 나타내 주는 것

이라고 좋게 생각할 수 있다는 말이다

하지만, 우울 경험과 긍정적인 변화라는 순 순환의 고리보다는, 더 강하고 광범위한 우울 경험이 6개월 이상 동안 지속되며, 학업이나 가정과 직장 일에 영향을 끼쳐 사회적인 부적응을 일으키는 악순환에 빠지고 마는 경우가 많다. 그리고 이러한 절망에서 빠져나올 수 없어 극단적인 자살을 시도하는 지경에 이르기도 한다. 문제는 어떻게 악순환의 고리를 끊어야 하는가이다. 사실 우울 경험은 '마음의 감기'라고 할 수 있을 정도로 흔하다고 한다. 보통 여자는 10~25%, 남자는 5~12%가 평생에 한 번 이상 장애를 경험(평생 유병률)한다고 하며, 수치가 보여주듯 여성이 2배 정도 더 많다고 한다. 그리고 청소년기에 병원을 찾는 외래 환자 중에서 불안장애와 정신분열증과 함께 우울증이 가장 빈도가 높은 장애로 보고되고 있으며 20% 정도의 평생 유병률을 보인다고 한다. 더구나 한번 우울증을 경험한 사람의 50~60%는 두 번째 우울증을 경험한다고 한다. 기분 장애로서의 우울증에는 수많은 생리적, 심리적, 사회적 요인에 관여할 것이며, 하나의 원인으로 제기되는 학습된 무기력(learned helplessness) 이론을 살펴보자.

학습된 무기력 이론

독자들은 행동 획득의 기본 기제가 조건형성이며, 스키너의 조작적 조건형성에 대해 배운 적이 있을 것이다. 조작적 조건형성이란 특정한 행동 다음에 먹이와 같은 강화물이 제시되어 그 행동을 획득하게 만든다는 학습 원리이다. 사실 스키너는 행동 다음에 유기체가 싫어하는 자극, 예를 들어 전기충격을 제시하고 이런 처벌이 행동에 어떤 변화를 일으키는지도 많이 연구했다고 한다. 이에 대한 자세한 얘기는 나중으로 미루고, 전기 충격을 피실험 동물에게 사용했던 연구 결과가 우울증에 주는 시사점을 정리해보자.

셀리그만(Seligman)과 동료들은 개들을 세 집단으로 나누어 실험했다. 개를 도망갈 수 없도록 묶어 놓았는데, 집단 1은 단순히 잠시 동안 이 상태로 둔 후 나중에 풀어 주었고, 집단 2의 개들에게는 전기 충격을 주지만, 개들이 스위치를 누르면 전기 충격이 멈추게 했다. 집단 3의 개들은 집단 2의 개들과 함께 짝이 지워져 있어 집단 2의 개들이 받는 전기 충격을 같은 빈도와 같은 강도로 받았으나 전기 충격을 멈출 수 있는 스위치를 제공하지 않았다. 말하자면 집단 3의 개들은 전기 충격을 피하지 못하고 고스란히 받아야 했다.

그리고 다음 단계로 이들 세 집단의 개들을 모두, 가운데 낮은 울타리가 있고 두 개의 칸으로 나뉘어 있는 공간에 집어넣었다. 가운데 울타리가 낮아 쉽게 왔다 갔다 할 수 있는, 즉 왕복 움직임이 가능한 공간으로 한쪽 칸에 전기 충격을 주면 전기 충격이 없는 옆 칸으로 이동해 피할 수 있는 실험 공간인 셈이다. 그러면 이 세 집단의 개들이 이 상황에서 어떤 행동을 보였을까? 집단 1, 2의 개들은 울타리 넘어 다른 칸으로 이동하는 일종의 도피 행동을 쉽게 학습할 수 있었는데, 피할 수 없는 전기 충격에 노출되었던 집단 3의 개들은 아주 다른 행동을 보였다고 한다. "처음 30여 초간 미친 듯이 이리저리 뛰어다니다가 움직임을 멈추고, 놀랍게도 누워서 조용히 낑낑거리는 반응"을 보였다는 것이다. 쉽게 피할 수 있는데도 피하려는 시도도 하지 않는, 임상적으로 관찰할 수 있는 우울증의 증상이라고 할 수 있는 무기력(helplessness)을 보인 것이다. 통제할 수 없는 혐오적 소음을 사용한 인간 실험에서도 유사한 결과 나왔다고 하니 피할 수 없는 혐오적 자극에 대한 노출이 우울 경험의 바탕이 되는 것이라는 추측이 가능할 것이다.

한 가지 흥미로운 것은, 1960년대 이후 이와 비슷한 실험에서 사용했던 150여 마리의 개 중 대략 삼 분의 일은 무기력 상태에 빠지지 않고 혐오 상황을 벗어날 수 있었다고 하며, 비슷한 경향은 사람에게서도 나타난다고 한다. 이런 면에서 학습된 무기력 이론만으로 우울증을 설명할 수는 없어 보인다. 사람들이 보이는 근본적인 낙관성(혹은 비관적 태도)이나 혐오 상황에 대한 설명 혹은 원인을 돌리는 귀인 방식(109쪽) 등이 작용한다고 볼 수 있을 것이다.

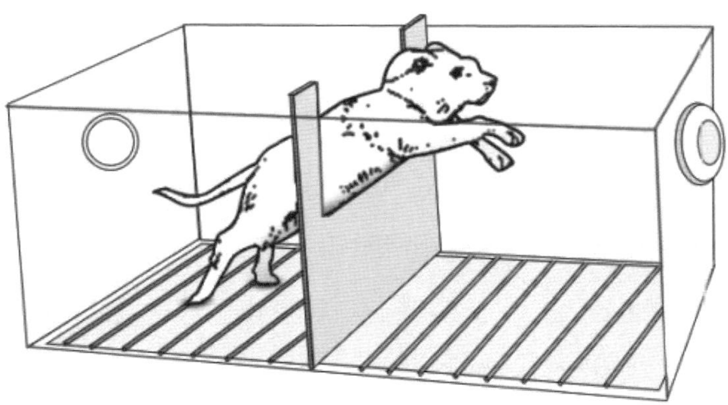

학습된 무기력 이론에 관한 실험

마지막으로 최근 이상심리학지(Journal of Abnormal Psychology, 2010, pp. 459~467)에 실린 우울증 극복에 흥미로운 시사점을 주는 연구 결과를 살펴보자. 이아코비로아(Iacovielloa)와 동료 심리학자들은 우울증의 경고(혹은 전조) 신호가 될 수 있는 29개의 증상을 측정한 후, 우울증으로 발전한 60명의 환자와 우울증에 걸리지 않은 60명을 비교하여, 어떤 경고 신호가 이 두 집단을 구별해 주는가를 찾았다고 한다. 우울 기분(depressed mood), 여러 활동에 대한 즐거움/흥미의 감소(decreased interest in or pleasure from activities), 집중력 감소(decreased concentration), 무망감(hopelessness), 걱정/음울(worrying/brooding), 자존감 감소(decreased self-esteem), 짜증(irritability)의 일곱 가지 신호가 이 두 집단을 잘 구별해주는 것을 발견했다고 한다. 그리고 흥미롭게도, 수면 문제, 체중 감소, 피로 등과 같은 신체 증상은 우울증의 발발을 나타내 주지 않는 것으로 나왔다고 한다. 우울증으로 빠지기 전에, 이러한 전조 증상에 적절한 예방적 개입과 처치가 필요하다는 것을 보여주는 연구 결과이다. 사실 너무 많은 사람이 자주 경험한다는 사실 때문에 우울 경험을 경험하는 당사자뿐만 아니라 주변의 가족이나 친구들도 쉽게 여기는 경향이 있다. 그리고 장애 취급이 두려워 적극적인 도움을 회피하는 경향도 있다. 여러분이건 주변 사람들이건 위의 일곱 가지 전조 증상이 지속되는 경우는 적극적으로 전문가의 도움을 받아 우울증의 악순환 고리를 끊는 용기가 필요하다.

행동주의 학습 이론의 적용

행동수정

| 스키너가 행동치료라는 용어를 처음 사용했고 그 후 여러 심리학자에 의해 다양한 방식의 학습 이론 적용과 새로운 기법의 개발이 이루어졌다.

여러 심리학 이론은 이론일 뿐이고, 실제로는 쓸모가 없다고 생각하는 사람이 있다. 물론 이론 나름이겠지만, 잘 정의된 그리고 측정 가능한 개념으로 무장한 이론은 인간의 행동과 마음의 작용을 이해하고 설명하는 틀이 될 뿐만 아니라, 행동에 대한 예언과 예측을 가능하게 하고 나아가 행동을 통제 혹은 수정하게 할 수 있다. 바로 지금 이야기하고자 하는 행동주의 학습 이론이 그 대표적인 예가 된다.

행동수정 또는 행동치료

앞에서 이미 파블로프 조건형성과 조작적 조건형성이라는 기본 원리가 행동 획득의 바탕이 될 수 있음을 살펴보았다. 이 두 원리에 기초한 학습 이론은 자극, 반응, 강화와 같은 측정 가능한 개념으로 이루어져 있으며, 동물의 단순한 행동부터 인간의 복잡한 내적 과정까지도 포괄할 수 있는 보편성을 갖고 있다. 그러기에 문제 행동이나, 여러 정신 질환 행동의 이해와 수정에 학습 이론이 적용되는 것은 당연하다고 할 수 있다. 정신분열증을 가진 사람들의 문제행동을 바꾸기 위해 사용된 기법을 기술하면서, 스키너가 행동치료라는 용어를 처음으로 사용하였다고 하며, 그 이후 정신질환자를 다루던 여러 심리학자에 의해 다양한 방식의 학습이론 적용과 새로운 기법의 개발이 이루어졌다. 이를 포괄하여 행동수정(behavior modification), 행동치료(behaviortherapy), 혹은 응용행동분석(applied behavior analysis)이라고 부른다. 질병 혹은 문제 행동도 학습된 것이기에, 이를 없애거나 다른 긍정적인 행동을 새롭게 학습시키는 것이 심리치료라고 할 수 있다.

행동 수정은 몇 가지 체계적인 전략을 따라야 한다. 우선, 어떤 행동을 수정 대상으로 삼아야 하는지 명확하고 구체적으로 기술해야 한다. 예를 들어 한 아이가, 자신이 입었던 옷을 옷장에 정리해 넣지 않고 집안 여기저기에 내팽개쳐 놓는 행동을 하는데 이 행동을 없애려고 한다고 하자. 그러면 이 문제 행동에 포함되는 것(예, 옷을 의자 뒤에 거는)과 그렇지 않다고 여길 수 있는 행동(옷을 옷장에 넣는)을 모두 포함하여 명확히 규정해야 한다. 그래야만 일관성 있는 관찰을 할 수 있으며 나중에 다른 사람과의 의사소통도 확실해지기 때문이다.

두 번째로 문제 행동이 일어나는 상황과 빈도를 직접 관찰하며 기록해야 한다. 집안 전체에 놓여 있는 아이 옷의 개수를 매일 정해진 시간에 세어 기록하면 될 것이다. 혹은 문제 행동이 일어날 때마다 즉시 기록할 수도 있다. 다른 예를 들어 금연을 위한 행동 수정을 시작한다면, 흡연의 결과(예, 담배꽁초)나 흡연 행동의 빈도를 즉시 기록해야 한다. 필자도 예전 담배를 끊으려고 시도했을 때 가장 먼저 시작한 것이 담배 피울 때마다 책상 앞 달력에 '正'를 표시하며 개수를 기록한 적이 있다. 이 기록이 말하자면, 내가 행동 변화에 성공했는가를 판단하는 기준선(혹은 기저선)이 된다. 흥미롭게도 이러한 기록 자체만으로도 흡연 행동이 줄어들곤 한다.

세 번째로 학습이론의 파블로프 조건형성과 조작적 조건형성에 기초해, 행동에 수반되는 강화의 제시 혹은 강화의 철수, 특정 자극에 대한 반응 형성(자극 통제), 혐오적인 자극의 제시 같은 기법을 특정 기간 동안 사용한다. 위에 언급한 예로, 옷을 잘 정리하면 아이에게 칭찬해 줄 수도 있고, 나중에 모아 자신이 원하는 물건을 살 수 있는 토큰을 하나씩 주거나(강화의 제시) 혹은 옷이 정리되지 않은 개수에 따라, 갖고 있는 토큰을 다시 반납하도록(처벌의 사용) 만들 수 있다. 그리고 이러한 처치는 일관성 있게 진행되어야 한다. 물론 이 기간 동안도 지속적으로 문제 행동이 나타나는 빈도를 관찰 기록해야 하며, 이러한 처치가 효과가 있는가를 기준선과 비교하여 판단하는 것이다.

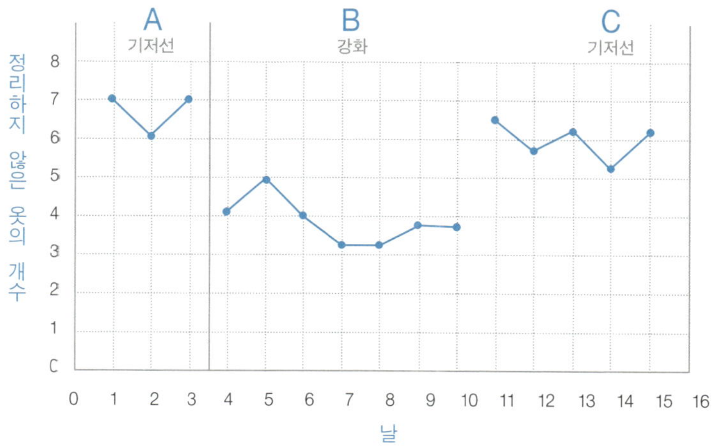

행동 수정의 결과

위의 그림이 우리가 시도한 행동 수정의 결과라고 가정하자. 처음 삼일 동안 옷을 정리하지 않는 행동이 얼마나 일어났는지 관찰하고, 이를 기저선이라고 부르는데 대략 7개 정도 옷이 정리되지 않았다. 그리고 우리가 일주일간 칭찬과 토큰을 사용한 결과 3개 정도까지 떨어지고 있다. 그러면 이것으로 칭찬과 토큰이 효과가 있었으며, 행동이 수정되었다고 할 수 있을까? 그럴 수도 있지만, 이 변화가 우리가 알지 못하는 어떤 요인으로 일어났을 수도 있다. 이러한 가능성을 확인하는 절차가 원래 상태, 즉 칭찬이나 토큰을 사용하지 않던 처음 상태로 돌아가 보는 것이다. 그림의 맨 오른쪽에 나타나 있듯이 옷을 정리하지 않는 빈도가 다시 6개 정도로 돌아가 있으며, 이는 우리의 처치, 즉 칭찬과 토큰 사용이 옷을 잘 정리하게 만들었다는 확신을 갖게 할 것이다. 이를 보통 ABA 역전 설계라고 부르며 행동수정의 기본 분석 방법이 된다. 물론 이 설계는 얼마든지 변형과 확장이 가능하다. 다시 처치하는 ABAB도 가능한 것이다. 이처럼 행동수정 기법은 원하지 않는 행동을 제거하는데(예, 떼쓰는 아이 행동을 고치기), 반대로 바람직한 행동을 증가시키는데(예, 소심한 아이가 질문을 자주하게 만들기) 성공적으로 적용될 수 있다.

체계적 둔감화 기법과 IT 기술의 접목

앞에서 왓슨이 알버트를 흰쥐에 대한 공포 환자로 만들었으며, 나중에는 다시 새로운 학습 경험으로 이 반응을 극복하게 만들었다는 내용을 보았다. 이 역시 불편한 정서 반응을 줄이는데(예, 다른 사람 앞에서 발표하기를 과도하게 불안해하는) 사용하는 행동수정 기법이 적용된 것이다. 울프라는 정신과 의사는 체계적 둔감화(systematic desensitization)라는 파블로프 조건형성을 응용하는 기법을 개발하였다. 이 기법에서는 보통 환자의 모든 근육을 이완시키면서 공포 상황에 대한 상상을 점진적으로 실시한다. 근육의 이완은 불안 반응과는 양립할 수 없는 것이기에 공포 반응 극복을 도와주는 것이다. 예를 들어, 뱀 공포증 환자는 근육을 이완시키는 훈련을 하면서 먼저 뱀의 사진을 보는 것을 상상하다가, 우리에 든 뱀을 보는 것을 상상하고, 마지막에 큰 뱀을 들고 있는 상상을 한다. 환자가 이완 상태에서 공포 자극에 점진적으로 노출되는 학습 경험이 뱀 공포증을 치료하게 만드는 것이다.

체계적 둔감화 기법을 IT 기술과 접목하여 가상 현실(virtual reality) 치료로 발전시킬 수도 있다. 환자가 단순히 머릿속으로만 상상하는 것을 넘어서, 시청각으로 잘 구성된 가상 공간에 실제로 들어가 학습 경험하게 하는 것이다. 가상현실 프로그램은 비행기 여행, 운전, 거미, 뱀, 대중 연설, 높은 곳, 밀폐된 공간, 천둥/번개 등에 공포를 가진 사람들에게 적용된다. 더구나 이라크 전쟁 참여나 9·11 같은 테러를 통해 형성된 외상후 스트레스 장애 치료에도 사용되고 있다. 고소 공포증을 가진 환자를 대상으로 3회기의 가상현실 노출을 3회기의 실제 노출과 비교한 연구를 살펴보면 두 치료 방법 모두가 환자의 공포를 줄이는 데 비슷하게 효과적이었으며, 그 효과가 6개월 후에 다시 측정되었을 때까지 지속되었다고 하니, 사용의 편리성이라는 측면에서 가상 현실 치료의 효율성을 확인할 수 있다.

| 가상 현실을 이용한 미군의 낙하 훈련 모습 (출처: wikipedia)

심리 치료를 마치 신비한 주술적인 행위인 것처럼, 혹은 오랜 기간에 걸쳐 아주 복잡한 분석과 해석을 통해서만 이루어지는 것으로 여겼던 독자들에게는, 학습 이론에 근거한 행동수정 기법이 인식을 새롭게 하였을 것이다. 물론 행동수정 기법이 모든 부적응적인 행동에 대한 유일한 처치라고 생각할 수는 없지만 육아, 교육 장면, 발달 장애아, 자폐증, 정신분열증 등에 성공적으로 적용되는 효율적이고 과학적인 기법임에는 틀림없다.

사회 상황에서의 마음 작용

귀인: 행동의 원인에 대한 추론

| 사람은 혼자 있을 때와 다른 사람과 있을 때의 행동이 같을 수 없고 사회적 동물로서 다른 사람과의 상호작용이 중요하다.

사람들은 혼자만 있는 시간이 하루에 몇 시간이나 될까? 실제로 우리는 늘 주변에 다른 사람이 있는 상황에서 살아간다. 그리고 전화나 메신저 같은 사이버 공간에서의 타인과의 접촉을 고려한다면, 잠자는 시간을 빼고는 혼자만의 시간이 전혀 없다고 해도 과언이 아니다. 사실 우리의 일상생활은 타인이 존재하는(혹은 타인의 존재를 인식하게 하는) 사회 장면에서 이루어진다. 그러기에 이러한 사회 장면이 우리의 행동과 마음 작용에 끼치는 영향을 심리학자들은 심각하게 고려해야 한다. 그리고 이러한 탐구는 보통 사회심리학이라고 부르는 심리학의 한 하위 분야이다. '사회'가 심리가 있다는 말이 아니라 사회 장면에서의 개인의 마음 작용과 독특성에 관심을 두는 것이다. 혼자 있을 때와 다른 사람이 있을 때의 행동이 같을 수 없고, 또한 사회적 동물로서 다른 사람과의 상호작용이 중요하기에, '사회 장면에서의 마음 작용'을 탐구하는 것이다.

다른 사람의 행동이나 말하는 것을 보고 그 사람에 대한 첫인상을 갖게 되는 것이나, 그 사람의 인간성에 대해 평가하거나, 한 행동의 배경 동기를 추측할 수 있는데 이를 모두 합쳐 사회지각이라고 부른다. 이 글에서는 타인의 행동의 원인을 찾아내는 과정, 즉 행동의 원인을 특정한 것으로 귀속시키는 귀인(attribution) 과정을 살펴볼 것이다.

상황귀인과 성향귀인 그리고 공변모형

구체적인 예를 들어 여러분이 골프장에서 한 선수가 홀인원 하는 것을 보았다고 하자. 홀인원의 결과가 상황의 특수한 요인에 의해 일어났다고 판단한다면, 상황귀인(situational attribution)을 하는 것이다. (예, "그 때 마침 바람이 잘 불었네"). 반면 그 선수의 특성이나 능력에 의해 일어났다고 판단한다면 성향귀인(dispositional attribution)을 하는 것이다("스윙 기술이 좋네"). 즉 행동을 기분, 성격, 능력 같은 내적 요인으로 혹은 돈, 운, 다른 사람의 압력, 날씨 같은 외적 요인으로 귀속시킬 수 있다.

그러면 어떨 때 상황귀인을 하고 어떤 경우에 성향귀인을 할까? 심리학자 켈리(Kelley)는 공변모형(covariation model)을 제안하는데, 우리는 귀인 과정에서 합의성, 일관성, 특이성이라는 세 가지의 정보가 특정한 행동과 함께 변하는 정도(이를 통계학 용어를 빌리면 공변이라고 부른다)를 고려한다고 주장한다. 합의성이란 다른 사람들도 같은 행동을 하는 정도이고, 일관성은 한 사람의 특정한 행동이 얼마나 지속적인가 하는 정도이며, 특이성은 한 사람의 한 상황에서의 특정한 행동이 다른 상황에서도 나타나는 정도이다.

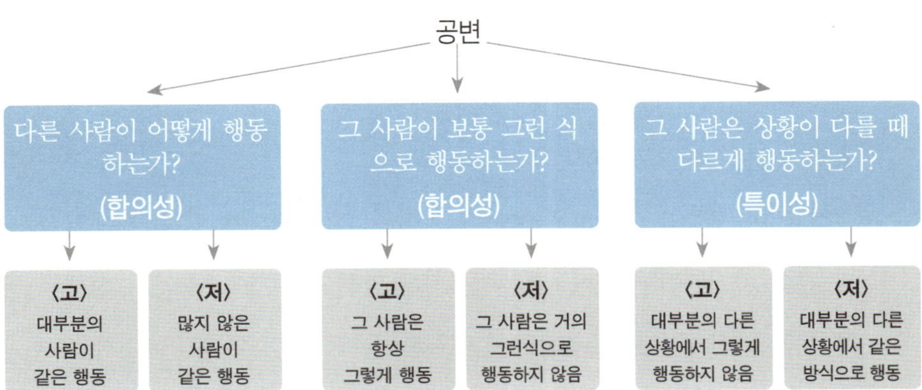

공변모형

독자들은 무슨 복잡한 얘기를 하는지 어리둥절할 것이다. 어떤 이는 사회 장면에서, 다른 사람의 행동을 보고 세 가지 정보를 모으며 계산을 하여 그 행동의 원인을 찾는 것이라는 주장이 지나치다고 생각할 수 있으며 마치 과학자들이 실험 자료를 수집해 결론에 도달하는 것과 같은 추론 과정이 사용된다는데 의아해할 수도 있다.

그러면 구체적인 예를 들어 볼 테니, 위의 그림(공변모형)을 참조하며, 여러분이 직접 원인을 찾아보자. 대학생인 영수가 수업에 늘 지각하며(높은 일관성), 대부분의 수업에서 그런데(낮은 특이성), 다른 학생들은 정시에 수업에 도착한다(낮은 합의성)면, 여러분은 영수의 지각 원인을 어떻게 귀인 할 것인가? 다른 예를 들어, 많은 학생들이(높은 합의성) 특정한 한 수업에서 늘 지각하고(높은 일관성) 다른 수업에는 정시에 도착한다면(높은 특이성), 지각의 원인은 무엇일까? 자 이제 여러분은 이 모형의 힘을 파악했을 것이다. 전자의 경우 보통 영수의 성향(즉 게으름, 성격)으로 귀인 하게 되고 후자는 어떤 과목의 수업 내용이나 강사에게 문제가 있을 것이라고 귀인 할 것이다. 즉 우리도 암묵적으로 세 가지 정보를 고려하며 사회 상황에서의 다른 사람의 행동의 원인을 찾는 것이다.

실제 이 모형의 타당성을 보여주는 여러 실험 결과가 있다. 위에서와 같이 가상적인 상황에 관한 이야기를 만들고 여기에 세 가지 정보를 여러 가지 방식으로 조합하여 제시하면 사람들이 모형이 예언하는 것과 같은 방식으로 귀인 한다. 세 가지 정보의 상대적 비교를 종합하여 사회 상황에서의 다른 사람의 행동을 이해한다는 것이다.

물론 이 모형과 불일치하는 결과들도 있다. 보통 합의성 정보를, 모형에서 예측하는 것처럼 사용하지 않는다는 결과도 있고, 반대로 한국 사람들은 합의성 정보를 더 중요시한다는 결과도 있다. 그리고 다른 정보가 없을 때 위의 세 정보를 사용하며, 행동을 한 사람의 성격에 관한 정보가 제시되면, 다른 세 정보는 무시하고 성격 정보만 사용한다는 연구 결과도 있다.

귀인 오류와 편향

| 행위자-관찰자 효과는 타인의 행동에 대해서는 성향귀인을 하고, 동일한 행동인데도 자신의 행동에 대해서는 상황귀인을 하는 편향이다.

어떤 사람의 행동이 상황에 기인하는 데도 그 사람의 내적 성향으로 귀인 하는 강한 경향성이 있다고 한다. 멋진 플레이를 한 야구 선수가 홈구장의 이점을 가졌거나 성공한 기업가가 국가적인 지원을 받았다는 것을 알면서도 그 사람들의 재능이나 의지력으로 귀인 하는 경향이다. 매우 흔히 관찰되는 편향이기에, 기본적인 귀인 오류라고도 한다. 한 걸음 더 나아가 동일한 행동에 대해 자신이 한 경우와 타인이 한 경우 귀인의 방향이 달라지는 행위자-관찰자 효과도 일어난다. 타인의 행동에 대해서는 성향귀인을 하고, 동일한 행동인데도 자신의 행동에 대해서는 상황귀인을 하는 편향이다. 다른 사람의 폭력 행동에 대해서는 그 사람의 사악한 성격으로 귀인하고, 자신의 폭력 행동은 "주어진 상황에서 내려진 명령을 수행했을 뿐"이라고 말하는 것이 좋은 예이다.

내가 다른 사람의 행동을 어떻게 이해하고, 행동의 원인을 귀인 하느냐에 따라 그 사람과 어떻게 상호작용할 것이냐가 결정된다고 할 수 있다. 부정적인 행동을 성향 귀인하고 사회적 관계를 단절할 수도 있고, 어쩔 수 없는 상황 요인 때문이라고 해석하여 그 상황을 함께 변화시키려고 노력할 수도 있다. 그러기에 사회 장면에서의 귀인 연구가 중요한 것이다. 사실 한 사람의 개인적인 차원에서, 혹은 사회 전체의 차원에서 여러 사회적 인물이나 사건에 대해, 우리도 자각하지 못하는 사이에 여러 정보가 암묵적으로 작용하고, 여러 귀인의 오류나 편향이 영향을 끼친다. 우리의 이해와 귀인이 과연 적절했는가를 늘 반성해 볼 일이다.

일관성을 추구하는 존재

인지부조화 이론

| 사회심리학에서 태도는 어떤 대상에 대해 알고 있는 사실이나 지식과 같은 신념, 그 대상을 싫어하거나 좋아한다는 평가, 그리고 그 대상에 대해서 어떻게 대응하고 행동하겠다는 행동 경향성을 모두 포함한 의미로 사용한다.

사회 장면에서 우리가 다른 사람이나, 어떤 대상 혹은 사회적인 이슈에 대해 갖는 마음가짐을 사회심리학에서는 태도(attitude)라고 한다. 우리가 일상생활에서, "그 사람 태도가 불량한데"라고 말할 때 쓰는 뜻보다는 훨씬 포괄적인 의미를 지닌다. 어떤 대상에 대해 알고 있는 사실이나 지식과 같은 신념, 그 대상을 싫어하거나 좋아한다는 평가, 그리고 그 대상에 대해서 어떻게 대응하고 행동하겠다는 행동 경향성을 모두 포함한 것으로 사용한다. 예를 들어 한 국회의원 후보자에 대한 태도는 그 사람에 대한 여러 사실, 좋아한다는 평가, 찬성투표를 하는 행동을 모두 나타낸다. 사회적인 상호작용의 밑바탕을 이루며, 그 특성을 결정하는 것이 바로 타인에 대한 태도라고 할 수 있으며, 사람들이 함께 해결해야 하는 여러 사회적인 이슈도 기본적으로는 태도의 문제가 된다. 더구나 여러 대상(예, 회사의 상품)에 대한 기존 태도의 변화나 설득의 중심에는 태도에 대한 이해가 자리 잡고 있다. 그러기에 사회심리학에서 가장 많이 탐구되어온 주제의 하나가 바로 태도라고 할 수 있다. 태도 변화의 한 심리적 기제를 살펴보자.

태도와 행동의 불일치

우선 내적인 태도와 외적인 행동 혹은 행위와의 관계를 살펴보자. 우리는 일상생활에서 자신의 태도와 실제 행동이 일치 하지 않는 사회 상황을 다반사로 겪는다. 비슷한 예를 들어 보면 방금 미용실에서 온 여자 친구의 기괴하게 보이는 헤어스타일을 말로는 멋지다고 하거나, 시험공부를 많이 했는데도 친구가 물으면, 괜히 잘난 척하는 것 같기에, 별로 안 했다고 대답하기도 한다. 태아가 생명체라고 생각하면서도 낙태 시술을 받는 경우도 있고, 환경 파괴를 줄여야 한다고 생각하면서도 재활용품 수거에는 동참하지 않기도 한다. 그러면 이러한 불일치 혹은 상충된 요인은 어떤 결과를 일으킬까? 태도가 행동 때문에 변할까 아니면 행동을 취소하는, 즉 "사실은 그냥 말로만 그런 거야"라는 식으로 이미 한 행동을 취소하게 될까?

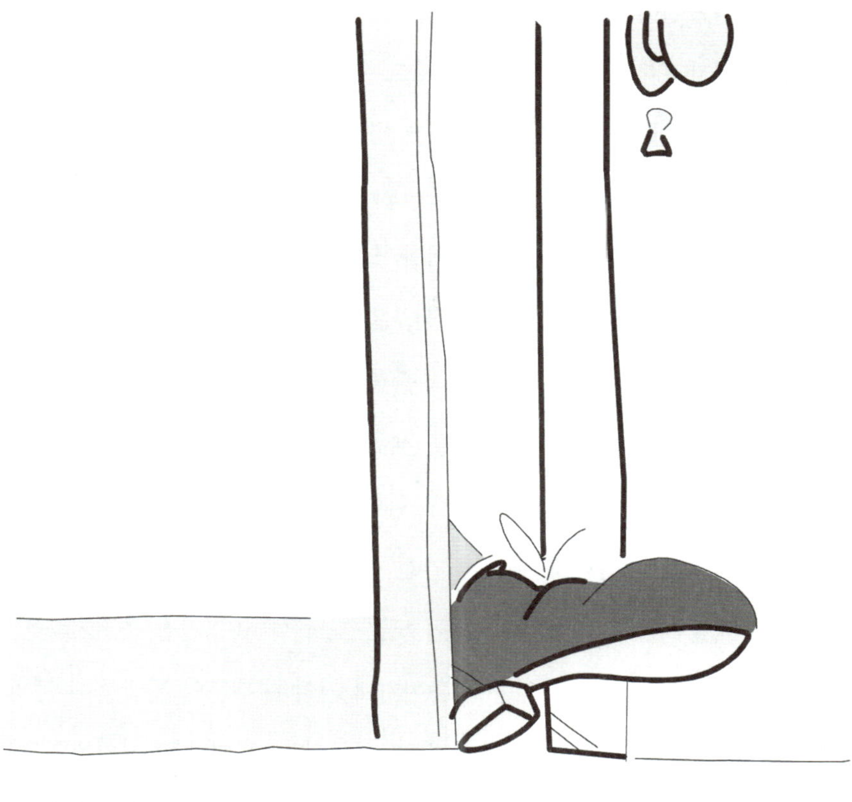

| 문간에 발 들여놓기 기법(foot-in-the-door technique) 작은 부탁으로 일단 승낙을 얻으면 큰 부탁에 대한 허락을 쉽게 얻을 수 있게 된다

우리는 우리의 생각, 느낌, 행동 들 간에 일관성을 유지하려는 강한 근본적인 동기를 갖고 있다. 심지어는 우리가 세상을 이해하는 가장 기본적인 방법이 일관적인가를 판단하는 것이라고까지 생각할 수 있다. 어떤 새로운 내용이 사실인지, 정확한지는 예전 신념과의 일치 여부로 판단하면 되기 때문이다. 그런데 이런 일관성이 깨지면 어떤 일이 벌어질까? 우선 한 가지 확실한 것은 우리 대부분이 이런 불일치를 가지고 있기가 편하지 않다는 것이다. 그리고 이 불편함을 없애려는 시도가 일어나야 한다. 사실 이를 교묘히 이용하여 다른 사람으로부터 내가 원하는 바를 달성할 수도 있다. 다시 말하면, 이러한 일관성을 유지하려는 경향을 이용하는 방법의 하나가 소위 말하는 '문간에 발 들여놓기 기법(foot-in-the-door technique)'이다. 작은 부탁으로 일단 승낙을 얻으면 큰 부탁에 대한 허락을 쉽게 얻을 수 있게 된다.

미국에서 실시한 한 연구에서, 실험자들은 단독 주택의 집주인에게 자신의 집 앞마당에 흉측하고 볼품없게 만들어진 '안전 운전을 합시다'라고 쓰인 커다란 표지판을 세워도 되는지 물었다. 17% 집주인만이 표지판 설치에 동의하였다고 한다. 그런데, 이번에는 다른 집주인들을 찾아가서 의회에 제출할 '안전 운전 증진을 위한 탄원서'에 서명해 줄 것을 부탁했고, 사실 노력이 드는 것도 아니며, 안전 운전이라는 기꺼이 동참할 필요가 있는 이슈이기에 거의 대부분의 사람들이 동의하였다. 그리고 곧 집주인들에게 그 볼품없는 표지판을 설치해도 되겠는지 물었다. 어떤 결과가 나왔을까? 집주인들의 55%가 설치를 허락

했다고 한다. 왜 한 번의 요구보다 두 번의 요구를 더 잘 들어 주었을까? 주인들의 마음속에서 일어난 과정을 독자들도 짐작할 수 있을 것이다. 방금 안전 운전이 중요한 것이라고 주장하는 탄원서에 서명했는데, 표지판의 설치를 거절하는 것은 그들이 서명한 행동과 일관되지 않는 것이며, 불일치에서 생길 수 있는 불편함이 두 번째 부탁도 수락하게 했을 것이다.

인지부조화, 페스팅거의 실험

유명한 사회심리학자인 페스팅거(Festinger)는 이러한 통찰을 인지부조화(cognitive dissonance) 이론으로 체계화하고 여러 기발한 실험을 통해 이 이론을 검증하였다. 인지부조화란 자신의 행동, 태도, 신념 들 간에 불일치가 있음을 인식할 때 생기는 불편한 마음 상태를 지칭하며, 이를 줄이기 위해 행동, 태도 또는 신념을 변경시켜 이들 간의 일관성을 회복하도록 하게 한다는 것이다. 다음 구체적인 실험 상황을 보도록 하자.

페스팅거와 동료들은 한 연구에서 피험자들에게 다이얼 손잡이를 계속 방향을 바꿔가며 돌려야 하는 과제를 주었다. 독자들도 알아챘겠지만, 결코 재미있다고 할 수 없는 과제였다. 피험자들이 지겨워할 때가 되었을 때, 실험자는 다음 피험자들이 밖에서 기다리고 있는데, 실험보조자인 대학원생이 사고로 실험에 오지 못했기 때문이라며, 이들 피험자에게 실험에 참여해서 해야 될 과제가 아주 재미있는 것이라 말을 해 달라고 부탁을 했다. 실험자는 한 집단의 피험자에게는 부탁을 들어준 대가로 1달러를 지불하겠다고 했으며, 다른 집단의 피험자에게는 20달러를 주겠다고 제안했다. 모든 피험자는 실험자의 요청을 들어 주었다. 실험자의 요청에 따른 후 피험자들에게 앞서 했던 다이얼 손잡이 돌리기 과제가 진짜로 어느 정도 재미가 있었는지 보고하게 하였다.

| 페스팅거의 인지부조화 실험에서 1달러 받은 집단과 20달러를 받은 집단 중 어느 집단이 지루한 과제를 더 좋아하게 되었을까?

독자들도 앞에서 언급했던 일관성을 유지하려는 동기와 인지부조화 이론에 근거해 예측해 보기 바란다. 우리가 관심을 갖는 지표는 지루했던 손잡이 돌리기 과제가 재미있는 과제로 내적인 생각, 즉 태도가 바뀌었을 것인가이다. 피험자들의 태도 즉 지루한 과제에 대한 생각이 바뀌었을까? 1달러 받은 집단과 20달러를 받은 집단이 차이가 있었을까? 어느 집단이 지루한 과제를 더 좋아하게 되었을까?

실험 결과는 1달러를 받은 피험자들이 20달러를 받은 집단보다, 더 큰 태도 변화, 즉 손잡이 돌리기 과제가 재미있었다는 쪽으로 변화하였다는 것이다. 자신의 내적인 태도와 일치하지 않는 행동(발언)에 대해 적은 돈을 받은 사람들이 태도가 더 많이 바뀌었단 결과가 독자들은 이해가 되는지 모르겠다. 왜 이런 결과가 나왔을까? 20달러를 받은 피험자들은, 다른 사람에게 재미 없는 과제를 재미있다고 말한 행동을 정당화할 수 있다. 즉 "돈을 그것도 20달러라는 큰 돈을(실험을 했던 60년대 미국에서 20달러는 실험에 참여한 대학생 피험자들에게는 적지 않은 금액이었다) 받았기에 거짓말을 했다"가 되는 것이다. 말하자면 돈이 인지부조화를 해소해 준 것이다. 하지만 1달러를 받은 피험자들에게는 인지적 부조화를 해소해 줄 수 있는 구실이 없는 셈이다. 해소 방법으로 행동을 취소하면 되지만, 즉 거짓말을 했던 사람들에게 찾아가 과제가 재미있다는 자신의 말이 시켜서 한 것이라고 다시 말하면 되지만 말했던 사람들을 어떻게 찾으며, 어디서 어떤 방식으로 행동을 취소할 수 있겠는가? 사실 사회 상황에서의 이미 행한 행동을 다시 바꾸기는 쉽지 않은 작업이다. 그렇다면 인지부조화를 해소하는 방법은 자신의 태도를 바꾸는 것이 된다. "다시 생각해 보면 손잡이 돌리기가 재미가 있기도 했어"라는 내적 작용이 이루어지는 것이다.

조직에 대한 충성심을 기르려고 아주 심한 신고식을 치르게 하거나, 사이비 종교 집단이 신도들에게 맹목적인 신체적 봉사나 엄청난 돈을 헌납하게 하는 것, 유명 레스토랑에서 음식값을 비싸게 하여 오히려 고객을 붙잡아 두는 것 등이 말하자면 일관성을 유지하려고 하는 우리의 인지부조화를 이용하는 셈이 되는 것이다.

마음에 대한 다양한 이해

심리학의 다양한 접근

심리학도 물리학이나 생물학과 같은 과학이다. 과학으로서의 심리학의 출발을 1879년으로 잡는다.

상식 심리학과 과학 심리학

심리학을 전공한다고 하면 십중팔구 듣게 되는 얘기가 "내 심리를 알겠네요!"이다. 그러면 필자는 농담으로 "물론이지요. 아주 족집게입니다"라고 대응한다. 여기서 '심리'라는 용어가 뜻하는 것이 무엇일까? 아마도 한 개인의 특정 시점에서의 내적 생각이나 감정 혹은 어떻게 그 사람이 행동할 것인가에 관한 추측을 말하는 것 같다. 그리고 이렇게 생각한다면, 다른 사람 특히 오랫동안 알고 지낸 가족의 경우 심리 파악은 문제가 되지 않을 것이다. 예로, 아버지와 어머니가 서로 의견 충돌로 갈등하는 상황에서 용돈 달라고 하는 독자는 없을 것이고, 앞의 의미에서 보면, 여러분은 부모의 심리 상태를 파악하고 있다고 볼 수 있는 것이다. 사실 우리는 매일 다른 사람의 행동과 다음을 이해하고 그 원인을 설명하며 생활한다. 말하자면 우리 모두가 어떤 의미로는 심리학도인 셈이다. 그리고 이러한 이해와 설명이 정리되어 다른 사람들과 공유될 수도 있으며 한 사회 혹은 문화에서 일종의 상식으로 받아들여질 수도 있다. 인간의 행동이나 마음에 관한 속담이나 격언이 좋은 예가 되며, 이를 모두 합쳐 상식 혹은 통속 심리학(folk psychology)이라고 부를 수 있다.

'심리'라는 단어는 보편적인 마음 작용의 원리, 즉 우리가 어떻게 세상을 지각하고, 기억하며, 행동하는가의 원리라는 의미도 있다. 과학 심리학이 찾고자 하는 것이 바로 그것이다. 어떤 사람이 영어 단어들을 공부하며 외우려고 한다면, 필자는 그 사람이 그 단어들을 어떻게 학습하고 시간이 지나면 어떻게 망각할 것인가를, 즉 기억 원리라는 의미에서의 '심리'를 꽤 정확히 예측할 자신이 있다. 설령 그 사람을 필자가 처음 만나는 사람이라고 하더라도 말이다. 왜냐하면, 기억 과정에 관한 과학 심리학 지식의 바탕이 있기 때문이다. 사실 심리학의 역사는 오랜 기간 동안 상식심리학에 묶여 있었다고 볼 수 있다. 그리고 아직도 많은 사람은 상식심리학을 심리학으로 생각하는 경향이 있다. 심리학도 물리학이나 생물학과 같은 과학인데도 말이다. 과학으로서의 심리학의 출발을 1879년으로 잡는다. 이유는 분트라는 학자에 의해 독일 라이프치히 대학에 심리학 실험실이 만들어지고 과학적인 탐구가 시작되었기 때문이다.

상식심리학적 지식 자체도 개인의 적응에 유용한 것이며, 과학적 탐구의 시작이 될 수도 있다. 사회 장면에서의 귀인 과정(109쪽)에 관한 사회심리학 연구가 좋은 예이다. 하지만 많은 경우 상식심리학적 지식은 논리적으로 모순된 내용을 포함하기도 하고, 경험적인 검증도 거치지 않는다. 그러기에 여러 심리학 실험이 상식을 뒤집어엎는 결과를 내놓는 것이다. 그리고 자칫 상식심리학은 "인간관계는 이렇게 하면 됩니다."와 같이 일종의 처세술 지식으로 빠지기 쉽다. 그럼에도 불구하고 개인에 초점을 두는 접근은 개인차 탐구나 응용 장면에서 중요한 역할을 할 수 있다. 성격 평가에 관한 내용(73쪽)에서, 법칙 정립적인 접근과 특수 사례적인 접근을 모두 해야 하는 것이 심리학의 도전이라는 내용을 독자들은 기억할 것이며, 같은 맥락에서 과학심리학과 상식심리학을 이해하면 될 것이다. 물론 특수 사례적 접근도 상식 수준에 머물지 않고 과학적 요건을 충족하려고 부단히 노력하지만 말이다.

심리학의 다양한 접근

위에서 상식심리학과 과학심리학을 서로 대비시킨 이유는 현대 심리학에서 사용되는 다양한 접근 방법 속에 이 두 심리학의 속성이 들어 있기 때문이다. 심리학 개론을 수강하는 학생들은 수업이 진행되어 몇 주가 지나면 혼란을 경험하곤 한다. 특히 다양한 심리학 접근을 배우게 될 때부터 헷갈리기 시작한다. 뇌와 신경계에 기반을 두는 생물학적 접근이 있으며 고등학교 때 생물 시간에 배웠던 여러 용어를 다시 접한다. 그러고는 관찰 가능하며 측정 가능한 자극과 반응을 분석하는 행동주의 접근이 있다는 것을 배우고, 자극 일반화, 강화 스케줄 같은 낯선 용어를 접하게 된다. 다른 측면에서 인간의 지적 능력을 컴퓨터에 비유하며 정보처리 과정이라는 표현을 쓰는 인지적 접근을 배우며, 부호화, 인출 등의 용어를 듣게 된다. 더구나 사람들이 스스로도 자각하지 못하는 무의식이 중요하며, 성격의 발현과 이상심리가 중요하다는 정신분석학 접근을 배우고, 반대로 무의식보다는 의식적 자유 의지와 자아를 실현하려는 강한 동기를 인간이 갖고 있다고 가정하는 인본주의적 접근을 배운다. 여기에 첨부해 사회, 문화적인 차이와 발달적인 변화에 초점을 두는 접근이 있다는 것을 배우고, 최근에는 진화론적 접근까지도 접하게 된다.

필자가 이 접근들을 대략 한 시간 정도 설명하고 나서, 수강생들의 얼굴을 보면 여러 표정을 읽을 수 있다. 어떤 얼굴에서는 피곤함을, 어떤 얼굴에서는 신기하다는, 그리고 어떤 얼굴에서는 길을 잃은 것 같은 혼란스러움을 읽을 수 있다. "그래서 선생님 어느 접근이 맞는 것이지요?"라는 질문을 받은 적도 있다. 사실 맞는 접근이란 있을 수가 없다. 각 접근이 제공하는 인간의 마음 작용에 관한 통찰이 있을 뿐이다. 더구나 이렇게 복잡한 접근들이 나오게 된 이유는 인간의 마음 작용이 복잡하기 때문이지 심리학 잘못이 아니다. 각 접근이 얼마나 설득력이 있는지, 과학적인 증거와 검증을 거쳤는지, 구체적으로 어떤 장면에서 효율적으로 사용되는지 평가하는 안목을 키워가는 것은 각자 심리학도의 몫이라고 할 수 있다.

| 심리학에 다양하고 복잡한 접근들이 나오게 된 이유는 인간의 마음 작용이 복잡하기 때문이다.

영향력 있는 심리학 접근?

어느 접근이 맞다, 틀리다의 판단을 할 수는 없지만, 어느 접근에 근거한 연구 혹은 연구자가 심리학에서 큰 영향을 끼쳤는지는 알아볼 수 있을 것이다. 사이먼턴(Simonton)이라는 심리학자는 1880년대부터 1950년대까지 가장 영향력 있는 54명의 심리학자를 선택한 후 이들의 연구 방법론과 이론적 방향이 어떠한지 평가했다. 평가의 차원은 1) 객관적 대 주관적, 2) 양적 대 질적, 3) 요소적 대 총체적, 4) 법칙 정립적 대 특수 사례적 5) 정적 대 동적, 6) 행동의 외적 원인 강조 대 내적 요인 강조 6가지였다. 이를 모두 포괄하면 엄밀한 과학적인 방법과 이론 구성을 하는 정도라고 볼 수 있을 것이다. 즉 객관적, 양적, 요소적, 법칙 정립적, 정적, 외적 요인 강조는 모두 심리 현상에 대한 과학적 접근을 엄격하게 강조하는 입장이다. 그리고 연구자의 영향력을 살펴보기 위해 사회과학인용지수(SSCI, Social Science Citation Index)를 조사하였으며, 이 지수와 과학적 엄밀성의 관계를 상관계수와 회귀분석을 통해 분석했다.

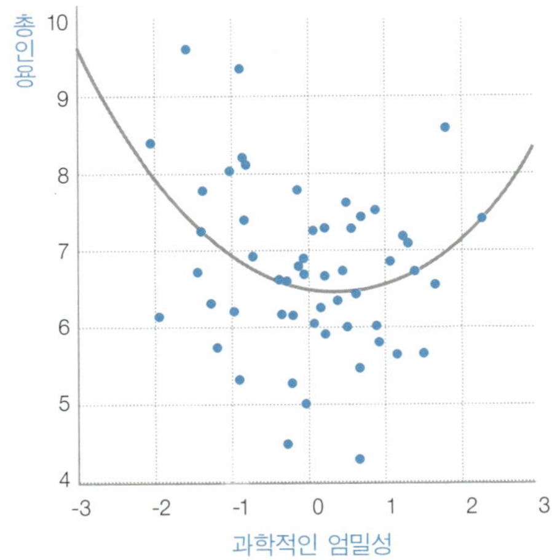

사회과학인용지수와 과학적 엄밀성의 관계

그림의 왼쪽 부분에서 볼 수 있듯이 과학적인 엄밀성에서 낮은 점수를 보인 연구자들이 더 많은 인용, 즉 영향력이 있는 것으로 나왔으며, 대표적인 연구자가, 프로이트, 융, 아들러, 제임스, 알포트, 로저스 같은 학자였다고 한다. 그리고 두 번째로 높은 영향은 오른쪽 부분에 나와 있는 아주 엄격한 그리고 극단적으로 과학적 접근을 한 연구자인 스키너, 할로우, 서스톤, 에스테스 같은 학자였다고 한다. 흥미로운 것은 과학적인 엄밀성을 추구하지 않은 연구자들이 심리학 역사에서 가장 영향력을 끼친 것으로 나온 점이다. 물론 이 분석은 과거 50년대까지의 자료에만 근거한 것이다. 그 이후, 즉 1950년대부터 현재 2010년대까지 분석해 본다면 아마 다른 결론, 즉 최근의 과학적 심리학 연구가 큰 영향을 끼친다는 결론을 내릴 수 있을지 모르겠다. 심리학의 두 모습을 다시 한 번 확인할 수 있다.

마음의 뇌

전전두엽의 기능

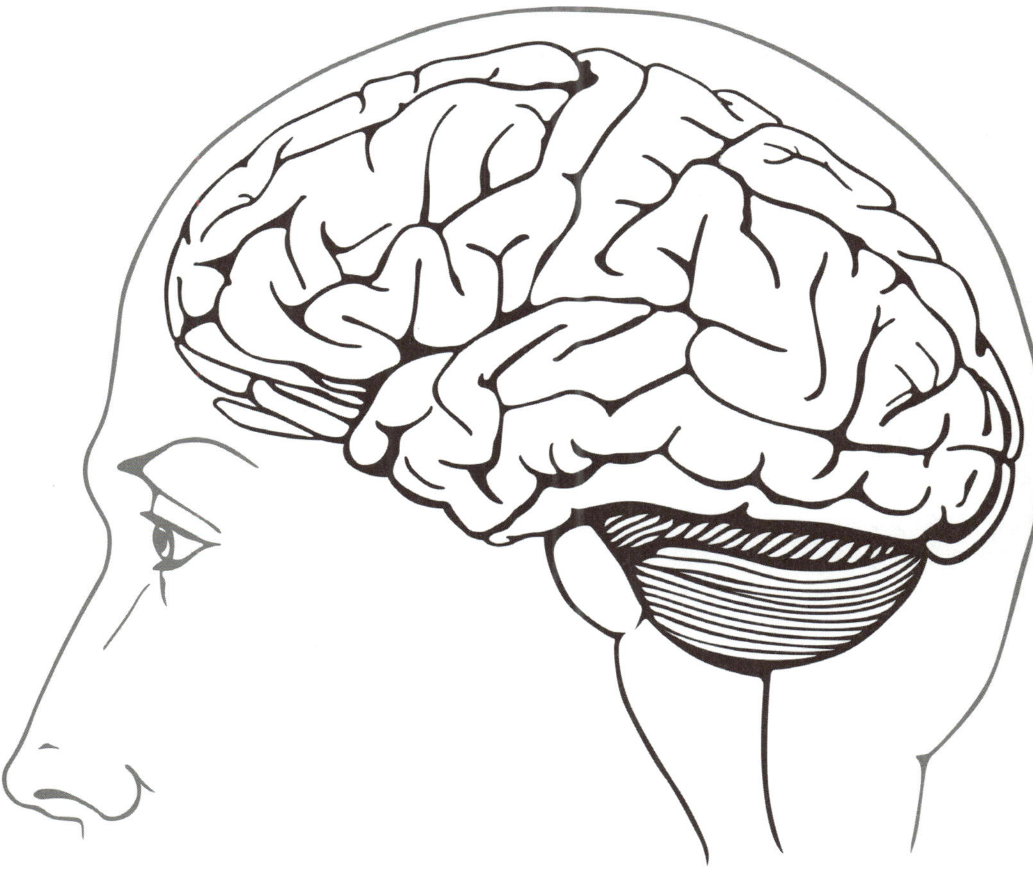

| 대뇌의 모든 해부학적 부위들은 어떤 형태로든 연결되어 있다.

우리의 마음과 행동의 바탕이 뇌라는 사실은 어느 누구도 부인하지 않을 것이다. 하지만 대뇌라는 신경생리학적 기관에서의 작용과 마음이라는 심리적 기능을 연결시키는 작업은 쉬운 일이 아니다. 심리적 기능과 신경계의 각 부분을 일대일로 대응시켜, 지능은 이 부분, 감정과 정서는 이 부분, 의식 활동은 이 부분이라는 식으로 연결시킬 수 있다면 얼마나 산뜻하겠는가. 사실 이러한 시도가 역사적으로 실제 있었는데, 골상학(phrenology)이 예이다. 대뇌의 작은 부위가 특정한 심리 기능을 담당할 것이라는 국소주의자와 대뇌는 통합적으로 작용한다는 입장의 논쟁이 아직까지도 계속되고 있다.

대뇌의 특정 부위가 어떤 기능을 담당하는가를 연구하기는 쉽지 않다. 모든 해부학적 부위가 어떤 형태로든 연결되어 있기 때문이며, 인위적인 부위 손상이나 파괴가 불가능하기 때문이다. 그나마 최근 많이 사용되고 있는 기능적 자기공명영상(fMRI) 장치가 새로운 연구의 길을 열어주고 있다. 그러기에 게이지라는 사람에게서 일어난 불행한 사고가 대뇌 연구에서는 중요성을 갖는다고 할 수 있다.

게이지의 불행한 사고

게이지는 철도회사에 소속되어 있는 기사였으며 바위틈에 폭발물을 채워 넣고 있는 도중 사고가 일어났다고 한다. 뒤를 돌아보다가 철근을 화약물 위에 떨어뜨렸으며 폭발이 일어나 철근이 위로 비스듬하게 날아가게 되었고 철근이 그의 머리를 완전히 관통한 후 공중으로 높이 날은 다음 땅에 떨어졌다고 한다. 말하자면 길이가 3피트이고 무게가 13파운드인 철근이 게이지의 머리를 빠른 속도로 관통하였으며 그림처럼 왼쪽 아래턱 부분으로 들어가서 머리의 위 중앙 부위를 통과하여 빠져나갔다는 것이다. 그런데도 게이지는 죽지 않았고, 그 후 12년을 더 살았다고 한다.

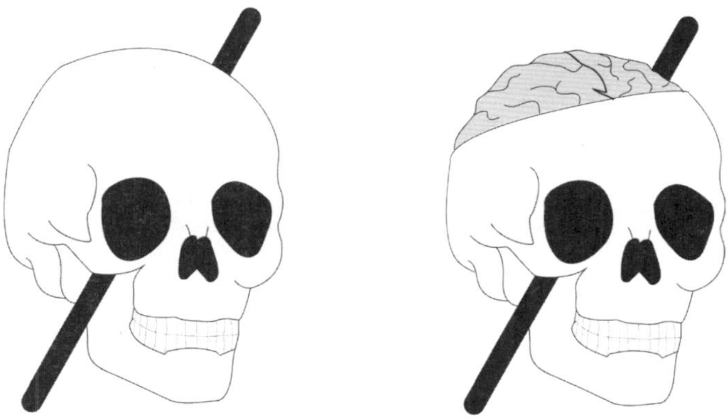

철근이 게이지의 뇌를 통과하는 모습

흥미로운 점은 그의 행동과 성격이 사고 후 변한 것이다. 사고를 당하기 전 게이지는 아주 성실하고 양심적이었으며 매우 열심히 일하였다고 하는데, 사고 후 게이지의 성격은 상당한 정도로 변한 것이다. 안절부절 못하고 무책임하며 쉽게 결정을 내리지 못하고 상스러운 욕을 자주 하는 사람으로 변한 것이다. 이 사례를 통해 여러 연구자는 전두엽이 정서 통제, 계획과 의사 결정에 관여할 것이라는 가설을 세우게 하고 이를 연구하게 하는 계기가 되었다고 한다.

전전두엽의 발달 과정

최근 들어 대뇌 피질 중 전두엽의 앞부분인 전전두엽(prefrontal cortex), 즉 그림의 노란색 부분에 관심이 집중되고 있다. 바로 이 전전두엽이 결정하고 계획하는 기능, 즉 심리학에서 집행 기능(executive function)이라고 부르는 정신 작용을 담당하는 것으로 추측하고 있기 때문이다. 미국정신건강 연구소의 기드(Giedd), 고그티(Gogtay) 등 동료 과학자들은 1990년대부터 1800여 명 청소년의 대뇌 발달 변화를 자기공명 영상 장치를 통해 추적 조사했으며, 특히 13명의 아이들을 거의 10여 년에 걸쳐 21살이 되기까지 대뇌의 발달을 관찰하여 여러 편의 논문에 발표하고 있다. 이들 연구 자료들은 우리가 자칫 놓쳤거나 간과했던 점을 다시 돌아보게 하며 대뇌 연구의 중요성을 다시 한 번 깨닫게 한다.

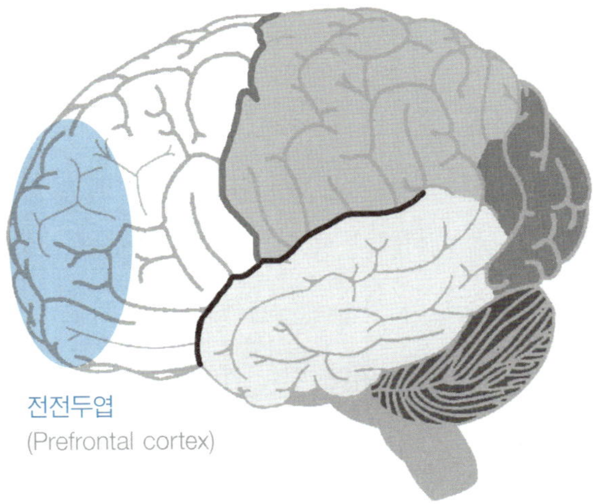

| 최근 들어 대뇌 피질 중 전두엽의 앞부분인 전전두엽(prefrontal cortex)에 관심이 집중되고 있다.

뇌의 발달은 일반적으로 말해서 얼굴 뒤쪽부터(시각과 여러 감각 정보 처리에 관여하는) 시작하여, 중앙 부분(운동의 통제와 감각을 통합하는)으로 이루어진다. 나중에서야 뇌의 앞쪽, 즉 전전두엽으로 확장한다고 한다. 특히 청소년들의 대뇌 발달을 추적해 보면 이 전전두엽은 마지막으로 18~21세가 되어야 성숙하게 된다는 것이다. 우리는 주변에서 아주 충동적으로 행동하고 아무 계획 없이 빈둥대는 10대를 만나게 되고, 어른들은 이들 때문에 분통 터트리는 것을 종종 본다. 신체적인 성장과 호르몬의 변화로 여러 정서적인 불안정과 예측할 수 없는 행동이 일어나는 것이기도 하지만, 자신의 일을 관리하고, 계획 잡고, 여러 대안을 평가하고, 합리적으로 의사 결정하도록 하는 전전두엽이 아직 성숙하지 못했기에 그런지도 모르겠다. 10대들을 몸이 다 컸다고 성인 취급해서는 안 되며, 부모들은 10대들이 목표를 가지고, 작은 것이라도 계획하고, 스스로 실행하도록 하고, 성공하건 실패하건 끈기와 인내를 가지고 한 독립된 개체로서의 성장과 전전두엽의 성숙을 도와주어야 한다는, 어떻게 보면 당연한 명제를 되새겨 보아야 한다.

빨리 배우는 사람

실패의 심리학

| '실패는 성공의 어머니' 라는 말이 의미하는 바는 무엇일까?

"실패는 성공의 어머니"라는 말이 있다. 그런데 이 말이 의미하는 바가 무엇일까? 단순히 실패한 사람들을 위로하기 위해, 주변에 실패한 사람들이 성공한 사람보다 많기에 하는 말일까? 아니면, 좀 더 세련되게 생각하여 실패를 하다 보면 확률적으로 성공할 가능성이 높아질 수 있다는 것일까? 사실 우리는 이런 기대를 갖곤 한다. 도박장 슬롯머신에서 계속 돈을 잃으면서 왠지 대박의 찬스가 가까이 오고 있는 것처럼 느낀다. 하지만 이는 우리의 주관적인 확률 추정의 오류, 소위 말하는 도박꾼의 오류다. "실패하기를 두려워하지 말고 과감히 연속해서 시도하라"라는 처세술적 충고에서도 실패하다 보면 언젠가는 성공하게 된다는 막연한 기대가 포함되어 있다. 이 두 가지가 이 격언의 진정한 의미가 아니라면 어떤 숨은 의미를 찾을 수 있을까? 이번 글은 바로 이에 대한 탐색이다.

배우기의 심리신경학

심리학을 처음 접하는 사람들은 심리학에서 실험한다는 말을 이해하기 쉽지 않다. 물리, 화학 실험은 접해 봤지만, 사람을 대상으로 내적인 마음의 작용을 어떻게 실험할 것인가에 대한 감이 없기 때문이다. 심리학 실험의 정수를 간단히 설명하자. 마음은 자신의 모습을 그냥 보여주지 않는다. 그러기에 마음의 작용이 발현하도록, 즉 자신의 모습을 보여 주도록 하는 무엇이 필요한데, 이것이 실험 과제(task)이다. 그리고 이 과제에 여러 비교 조건을 만들어 어떤 반응 혹은 변화가 일어나는가를 관찰, 기록하면 되는 것이고 이것이 바로 심리학 실험의 정수이다. 그래서 심리학에서는 여러 기발한 과제를 고안해 왔다. 물론 어떤 과제들은 아주 단순해 보일 수도 있다.

구체적 예를 들어 모서(Moser)와 동료 심리학자들이 사용한 다음의 과제를 보자. 사람들에게 컴퓨터 화면에 다섯 개로 이루어진 'MMMMM'이거나 'NNMNN'같은 글자를 보여주고 가운데 글자(목표 글자)에 대해 마우스로 가능한 신속하고 정확하게 반응하도록 한다. 독자들이 이미 알아챘듯이 전자는 양쪽 측면에 있는 글자가 가운데와 같으며 후자는 서로 다르다. 우선 양 측면 글자들을, 가운데 글자가 제시되기 전 35ms에 제시하고 나중에 가운데 글자가 제시된다. 그리고 모든 글자가 100ms 동안 화면에 남아 있다가 사라진다. 사람들은 마우스의 오른쪽을 'M' 반응으로 왼쪽을 'N'으로 신속하게 반응해야 한다. 그리고 반응이 정확했는가를 알려준다. 비록 아주 단순해 보이지만 정확하고 신속하게 반응하려면 집중을 해야 한다. 그리고 실수를 유발하기 위해 총 480번을 시행하면서 때로 반대의 반응, 즉 왼쪽을 'M' 반응으로 오른쪽을 'N'으로 반응하도록 바꾼다. 이 상황에서 반응 시간, 정확한 반응의 수, 실험을 지속하면 변하는 반응 시간 등 여러 가지를 측정할 수 있다.

위의 연구자들은 이 과제를 수행하도록 하면서 실험 대상자의 뇌파를 연속적으로 측정하였다. 특히 이들은 실패 혹은 실수를 했을 경우에 일어나는 뇌파의 변화에 관심을 두었다. 이 방식을 보통 사건관련전위(event-related potentials, ERP)라고 부르는데 비슷한 여러 연구를 통해 실수와 실패에 대한 두 가지 다른 뇌파 반응을 찾아냈다고 한다. 첫 번째는 실수-관련 부적전위(error-related negativity, ERN)로 실수반응 후 대략 50ms 이후에 일어나며, 두 번째는 실수 후 100-600ms 후에 나타나는 실수-정적전위(error positivity, Pe)이다. 이 두 뇌파 반응은 모두 전측 대상회(anterior cingulate)에서 발생하는 것으로 생각하고 있으며, 전자는 맞는 반응과 틀린 반응 사이의 갈등을 나타내며, 후자는 실수를 자각하고 주의를 더 기울이는 반응이라고 여기고 있다. 말하자면 큰 ERN과 Pe 반응 모두 실수 후 더 천천히 더 정확한 반응을 하려는 적응적인 행동과 관련이 있는 것으로 해석하고 있다.

배움에 대한 생각

이야기를 진행시키기 전에 다음 문장에 '매우 동의하면 6점을, 전혀 동의하지 않으면 1점'을 주는 식으로 6점 척도상에서 응답해 보자.

1. 나의 지능은 나 자신도 바꿀 수 없는 아주 기본적인 무엇이라고 할 수 있다.
2. 나는 새로운 것을 배울 수 있지만, 나 자신의 지적 능력을 변화시킬 수 없다.
3. 나 자신의 현재 지능과 관계없이, 나는 지능을 어느 정도 늘 변화시킬 수 있다.
4. 나는 나 자신의 지능을 상당히 변화시킬 수 있다.

심리학자인 캐롤 드웩(Dweck)과 동료들은 학업이나 직업적 성취에 인지적 능력이 아니라 학습과 지능에 대해 사람들이 갖고 있는 신념이 중요하다는 연구를 해왔다. 그리고 지능, 성격 등 심리적 특성이 불변이라고 믿는 사람들을 고정 마음가짐(fixed mind-set)으로, 지능은 변할 수 있고, 학습을 통해 발달될 수 있다고 믿는 사람들을 성장 마음가짐(growth mind-set)이라고 구분하였다. 말하자면, 이는 사람들이 지능에 관해 갖고 있는 암묵적인 이론(implicit theory of intelligence, TOI)이라고 할 수 있다.

위의 네 질문에서 처음 두 가지는 고정 마음가짐을, 나중 두 질문은 성장 마음가짐을 묻는 것이다. 독자 여러분들은 어떻게 응답했는지 확인하고 자신에게 어떤 마음가짐이 강한지 평가해보기 바란다. 이러한 구분은 단지 사람들의 특성을 나누는 것 이상의 시사점이 있다고 연구자들은 주장한다. 즉 우리들의 학습과 노력 등과 관련을 지울 수 있다. 특히 이 구분은 실패에 대한 서로 다른 대응을 하게 한다는 측면에서 의미가 있다. 고정 마음가짐을 가진 사람은 실패를 어쩔 수 없는 자신의 능력 부족의 증거로 보고 자신이 실수한 과제에서 철수해 버린다. 자신의 부족함에 직면하지 않고 새로운 학습 기회를 포기하는 것이다. 하지만 성장 마음을 가진 사람들은 실패를 교육적인 기회로 받아들이고 실수에서 배우려고 노력한다는 것이다. 지능도 노력에 의해 변화시킬 수 있는 특성이기 때문이다. 실험 장면에서도 이를 관찰할 수 있을까?

다시 돌아가 앞에서 얘기했던 연구와 연결시키자. 심리학자 모서가 시도한 것은 바로 이 연결, 즉 뇌파 측정과 개인의 지능에 대한 마음가짐을 연결시키는 연구를 한 것이다. 아래 그림에 나타난 것처럼 성장 마음가짐이 높을수록 실수정적전위(Pe)의 증가, 즉 어두운 검은색 반응을 관찰할 수 있었다. 그리고 TOI 숫자가 높을수록 Pe 반응이 증가하는 관련성을 그래프에서도 확인할 수 있다. 실제로 성장 마음가짐이 높은 사람들이 고정 마음가짐을 갖고 있는 사람에 비해 실수 후 훨씬 높은 정확성을 보인 결과를 얻었다. 즉 이들은 실수를 자각하고 더 주의를 기울여 좋은 수행으로 연결하는, 즉 실패에서 배워 성공으로 가는 길을 만든 것이다.

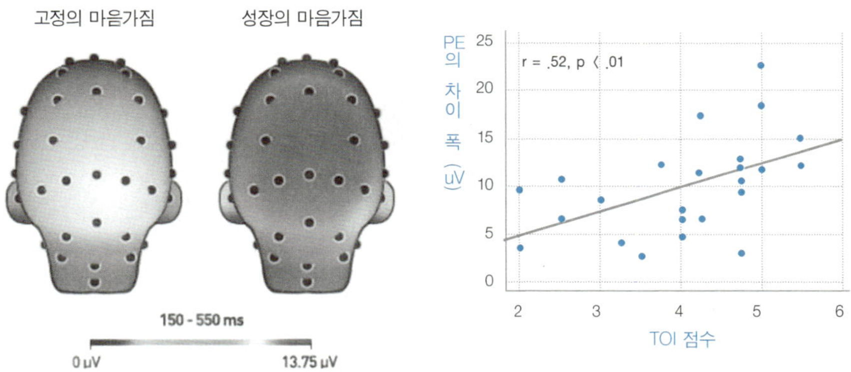

| 실패의 심리학 이미지 1

물리학자 보어는 전문가를 "아주 작은 영역에서 할 수 있는 모든 실수를 한 사람"이라고 표현했다고 한다. 계속 실패하며 어떻게 하는 것이 올바른가를 배워가는 것이 전문가이며, 또한 빨리 배우는 사람의 특징이라는 점을 역설하는 것이다. "실패는 성공의 어머니"라는 표현은 실패를 통해, 실패에서 배워 가는 과정의 당연한 귀결이 성공이라는 뜻인 것이다. 성장 가능성을 믿고, 실패에 직면해 다시 실패하지 않도록, '적극적으로 배우는 과정'이 성공의 요건이 되는 것이다.

명상하는 마음

의식의 변화

스트레스를 극복하는 방법으로 혹은 우리 삶의 질을 증진하는 한 방법으로 의식적인 생각이 없어지게 하거나, 어떤 모양이나 소리, 혹은 호흡에 집중하는 기법이 소개되고 공유되고 있다.

자연과학은 관찰 가능한 객관적 대상을 탐구한다. 과학으로서의 심리학도 마찬가지로 대뇌와 마음의 활동, 작용, 행동과 같은 객관적 대상을 탐구한다. 하지만 이러한 탐구만으로 심리학을 생각하기에는 뭔가 허전하다. 뭔가 중심적인 탐구의 주제가 빠져 있다는 인상을 떨칠 수 없다. 그것은 바로 우리, 사람의 '주관적인 의식'이 빠졌기 때문일 것이다. 특정한 한 시점에서의 자신과 타인을 포함한 이 세상에 대한 주관적인 경험 상태라는 의미에서의 의식의 내용, 작용, 변화의 과정이 어찌 보면 나 자신과 타인의 마음을 이해하는 데 필수적일 수 있기 때문이다.

사실 과학으로서의 심리학을 출발시킨 분트는 심리학이 의식을 분석하는 데 초점을 두어야 한다고 생각했다. 그리고 자연과학에서 물질을 구성하는 기본 요소를 찾아내듯이 마음과 의식 경험을 구성하는 기본 요소를 분석해 내는 내성법(introspection)을 사용하였다고 한다. 예를 들어, 어떤 색깔을 보거나 소리를 듣고, 자신의 의식 내용을 스스로 관찰하며 순수한 감각 경험과 이와 연합된 느낌을 보고하도록 하는 것이다. 그리고 이를 통해 의식적 경험의 기본 구조를 밝혀내고자 했다. 탐구의 목표는 야심 찬 것이었지만, 과연 이러한 자신의 의식 들여다보기만으로, 그리고 이를 언어적으로 표출하는 것만으로 의식의 본질에 접근하고 과학적인 탐구가 가능할지 회의할 수 있다. 사실 분트 이후의 심리학자들도 같은 문제에 당면하고 아예 심리학적 주제에서 의식을 제외하기도 하였다.

의식 자체에 대한 탐구보다, 어떤 조건이나 상황에서 의식의 변화를 경험하게 되는가를 관찰하는 것이 의식의 본질을 탐구하는 좋은 방법이 될 수 있다. 주관적인 자의식이 없어지는 것 같은 수면 상태, 수면에 빠지며 전혀 다른 의식의 세계로 떨어지는 꿈 경험, 약물이나 최면에 따른 의식의 변화, 명상이나 종교적 경험에 의한 변화 등이 예가 될 것이다. 이번 글에서는 명상에 대해 최근 연구를 살펴보자.

명상이라는 의식 변화

| 최근 들어 불교나 요가의 명상이나 혹은 마음챙김(mindfulness)에 관심이 많아지고 있다.

최근 들어 불교나 요가의 명상이나 혹은 마음챙김(mindfulness)에 관심이 많아지고 있다. 스트레스를 극복하는 방법으로 혹은 우리 삶의 질을 증진하는 한 방법으로, 의식적인 생각이 없어지게 하거나, 어떤 모양이나 소리, 혹은 호흡에 집중하는 기법이 소개되고 공유되고 있다.

필자도 학생들에게 일상생활에서 쉽게 할 수 있는 명상을 적극적으로 권한다. 독자 여러분도 시도해 보길 바란다. 우선 조용한 장소와 편안한 자리를 찾아 편하게 앉는다. 그리고 가능한 모든 몸 부위의 긴장이나 경직을 풀도록 한다. 잘되지 않으면 반대로 힘을 세게 주었다가 풀면 된다. 즉 손이나 팔에 힘을 잔뜩 주었다가 서서히 풀면 된다. 그리고 눈은 감고, 배로 크게 일정하게 호흡을 한다. 그리고 자신의 의식을, 즉 주의를 자신의 호흡에 집중한다. 상념이나 생각이 떠오르면 좇아가면 안 된다. 그렇다고 의식적으로 모든 생각을 쫓아내려고 하지 않는다. 항상 주의를 자신의 호흡에 되돌리려고만 하면 된다. 이렇게 10여 분 하다가 보면 잠시 잠에 빠질 수도 있다. 불교 수련에서는 잠에 빠지면 안 된다고 하지만 우리들은 그렇게까지 엄격할 필요는 없다. 필자도 걱정거리가 있을 때, 일에 집중할 수 없을 때, 피곤할 때 종종 이 방식으로 명상하다가 잠시 낮잠에 빠졌다가 깨어난다. 사실 본격적인 명상이라고 하기에는 모자라고 일종의 낮잠 자기일 수 있지만 말이다. 여하튼 하고 나면 정신도 맑아지고 다시 힘도 생기는 듯한 느낌은 확실한 것 같다.

독자들도 이미 알고 있듯이, 이러한 명상이 건강과 수행을 증진시키며, 면역 기능을 좋게 하며, 혈압을 낮추고, 여러 인지 기능을 좋게 한다는 연구 결과들이 나오고 있기에 그 긍정적인 효과에 대해서는 반론의 여지가 없어 보인다. 하지만 의식의 변화라는 측면에서의 명상 경험을 이해하고자 하는 심리학도에게는 그 구체적인 변화의 기제 혹은 명상 경험의 구성성분들이 여전히 궁금증으로 남아 있게 된다.

명상이 일으키는 변화

최근 발표된 논문에서 홀젤(Holzel)과 동료들은, 명상과 관련된 여러 연구를 종합하고 묶어 명상에 관한 커다란 그림을 제공하고 있다. 특히 이들은 명상이 어떤 단일 기술이 아니며, 여러 기제를 포괄하는 다면적인 심성 훈련이라고 주장한다. 그리고 마음챙김 명상의 효과를 설명할 수 있는 네 가지 구성성분, 즉 주의 제어(attention regulation), 몸 자각(body awareness), 정서 제어(emotion regulation), 자아감(sense of self)을 구분하고 있다. 각 기제가 오른쪽 표에 자세히 설명되어 있다.

물론 이 네 가지가 이론적으로 구분할 수 있는 명상 경험의 구성성분이지만 그 작용은 서로 얽혀 일어난다. 예를 들어 주의 제어의 증가가 직접적으로 우리의 생리적 상태에 관한 자각을 촉진할 수 있고, 높아진 신체 자각으로 자신이 경험하는 정서를 쉽게 알아채도록 도와줄 수 있다. 그리고 한 가지 확실히 해야 할 것은 명상은 훈련과 연습을 필요로 하며, 이를 통해 긍정적인 신체적, 행동적, 대뇌 변화가 일어난다는 점이다. 앞에서 필자가 권했던 명상법은 위의 네 구성성분 중 주의 제어와 신체에 대한 자각만을 포함하고 있다. 더욱 세련된 명상 기법을 독자들도 체득하여 자신의 삶에 활용하길 바란다.

기제	수련을 위한 지시 예	실험적, 행동적 발견	관련 대뇌 영역
1. 주의 제어	선택한 대상에 대한 지속적 주의, 산만해졌을 경우 다시 그 대상으로 돌아가기	수행 증가: 집행주의 기능, 각성 등	전측 대상회엽
2. 몸 자각	내적 경험 대상에 집중하기: 숨쉬기, 정서 혹은 다른 신체감각 경험	신체 자각 증가에 대한 보고	측두엽-두정엽 접합 뇌도
3.1 정서 제어 (재평가)	진행 중인 정서적 반응을 다른 방식으로 다가가기 (비판단적, 수용적으로)	긍정적인 재평가의 증가	배측 전전두엽
3.2 정서 제어 (노출, 소거, 재강화)	자각하고 있는 현재 상태에 자신을 노출시키고, 영향을 받으며, 내적으로 대응하기를 자제하기	내적 경험에 비 반응성의 증가	복측, 내측 전전두엽, 해마, 편도체
4. 자아에 대한 관점의 변화	고정된 자아감과 거리 두기	자아 개념에서의 변화	내측 전전두엽, 후측 대상회엽, 측두엽-두정엽 접합 뇌도

| 마음 챙김의 네 가지 구성성분

PART

03

감각 경험은 어떻게 만들어 지나?

감각 경험

| 모든 물리적 자극이 감각 경험을 일으키는 것은 아니기에 감각 경험이 일어나도록 하는 물리적 자극의 최소 크기가 존재한다.

앞에서 "마음에 대응하는 신체 기관은 심장이 아니라 대뇌 혹은 중추신경계라고 언급했다(17쪽). 그런데 사실 이 표현은 엄격한 의미에서 올바른 것이 아니다. 왜냐하면, 첫째로 대뇌는 척수를 통해 말초신경계와 연결되어 있고, 이는 다시 눈, 귀와 같은 우리의 감각기관 그리고 팔, 다리의 근육, 뼈 같은 운동기관과 연결되어 통합적으로 작용한다. 대뇌의 작용은 외부 정보를 받아들이고 반응하는 감각, 운동기관과 분리할 수 없기에, 대뇌만이 심리적인 작용 기관이라고 할 수 없는 것이다. 감각 정보를 받아들이지 않는, 아무 반응도 보일 수 없는 순수 뇌라는 것을 생각할 수 있을까? 설령 가정할 수 있더라도 그 기관을 마음이라고 부를 수 없을 것이다. 두 번째로는, 우리가 쓰는 마음이라는 용어는 어떤 '작용 혹은 기능'을 의미하는 것이지 해부학적인 구조를 지칭하는 것은 아니기 때문이다. 그리고 이렇게 생각하면 마음에 해당하는 신체기관이 몸 전체라고 해도 과언은 아닐 것이다. 생물학, 의학과 같은 우리의 몸 탐구에 마음을 도외시할 수 없는 이유이기도 하며, 우리의 마음을 연구하는 심리학에서 몸을 적극적으로 고려해야 하는 근거이기도 하다.

세상과 마음의 관계

처음부터 다소 복잡한 얘기를 하는 이유는, 대뇌가 세상에 관한 정보를 받아들이는 과정, 즉 감각기관을 통해 정보를 받아들이고 해석하는 마음의 과정을 소개하기 위해서다. 현란한 색깔의 조합을 보거나, 친숙한 멜로디를 듣거나, 아주 색다른 맛을 경험하게 되는 것 등등, 우리의 감각 경험은 어떻게 이루어지는 것이며, 또한 그 과정과 기제를 어떻게 탐구하면 될까? 오래전부터 심리학자들은 빛, 소리와 같은 물리적 자극과 이에 대한 우리의 심리적 감각 경험이 어떠한 관련성이 있을까 하는 의문을 품고 탐구해 왔으며, 이 분야를 정신물리학(psychophysics)이라고 부른다. 모든 물리적 자극이 감각 경험을 일으키는 것은 아니기에 감각 경험이 일어나도록 하는 물리적 자극의 최소 크기가 있을 것이라고 생각하고 이를 역치(threshold)라고 부르며 여러 실험 방식으로 측정하였다. 문지방 혹은 문간이라는 어원에서 유래한 이 단어는 말하자면 밖에서, 즉 물리적 세계에서 안으로, 즉 심리적 감각 경험으로 들어오기 위해 넘는 문지방의 높이라는 뜻이다. 소리의 경우 주변이 조용할 때 대략 6미터 떨어진 곳에서 들리는 시계 소리가 역치에 해당한다고 한다. 아울러 두 물리적 자극을 서로 다른 것으로 경험하는 정도도 계산할 수 있으며 이를 최소 가지 차이(JND, Just Noticeable Difference)라고 부른다.

나아가 심리학자 스티븐스(Stevens)는 물리적 크기와 심리적 감각 경험이 $\psi(I) = kI^a$,라는 파워 함수를 갖는다는 것을 찾아냈다. I는 물리적 자극의 크기로 $\psi(I)$는 주관적인 감각 경험의 크기이고, a는 감각의 종류에 따라 달라지는 상수이며, k도 측정 척도에 따른 상수값이다. 다음 그림에 세 가지 감각 경험에 대한 파워 함수가 표시되어 있다. 주관적인 길이 감각은 a의 상수값이 1이고, 밝기는 .33, 전기 충격에 대한 통각 감각은 3.5가 된다는 것을 나타내고 있다. 이러한 정신물리학적 연구 결과들은 이론적인 의의뿐만 아니라 실용적인 효용도 있을 수 있다. 여러분이 기존의 음료수와 맛이 비슷하면서도 차이가 나는 맛의 음료수를 개발한다고 할 때, 이러한 정신물리학적 개념과 실험 방법이 바탕이 될 수 있기 때문이다.

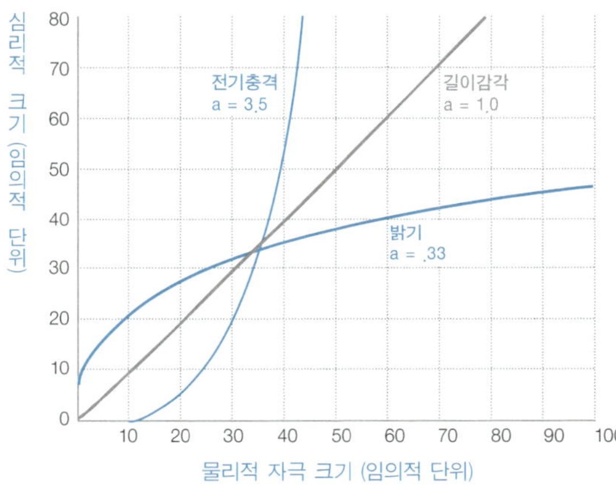

물리적 자극 크기와 심리적 감각 경험의 함수 관계

하지만 이러한 정신물리학 탐구 결과는 보완이 필요하다. 우선 실제 세상에서의 감각 경험은 실험실에서와 달리 여러 소음이나 다른 물리적 자극이 존재하는 상황에서 일어난다. 그러다 보니 어떤 물리적 자극은 놓칠 수도 있고, 오히려 주의를 기울이거나 나타날 것을 기대하면 빛이나 소리를 더 잘 들을 수도 있다. 반대로 너무 긴장하면 제시되지도 않은 자극을 경험한 것으로 착각할 수도 있다. 즉 우리의 감각 경험은 감각 기관의 민감성(sensitivity), 즉 민감한 정도에 의해서만이 아니라, 우리의 감각 경험을 보고하도록 하는, 즉 반응하도록 하는 기준에 의해서도 영향을 받는 것이다. 이러한 두 측면을 모두 고려하는 이론과 연구 방법론이 신호 탐지 이론(signal detection theory)이다.

감각 경험을 결정하는 두 요인

이에 대한 자세한 논의는 추후로 미루고 지금까지 설명을 정리해 보자. 감각 경험은 물리적 자극에 의한 감각 기관의 반응에 의해 시작된다. 하지만 이것만이 아니라 우리가 갖고 있는 경험, 기억 혹은 더 포괄적으로 표현하여 우리가 가진 세상에 관한 지식도 감각 경험에 영향을 끼친다고 할 수 있다. 심리학자들은 보통 전자를 물리적 외부 환경에서부터 시작하여 더 상위의 처리가 일어난다는 의미에서 "밑에서 위(bottom-up)"로의 처리라고 부르고, 이미 위에 가지고 있던 세상에 관한 지식이 내려오며 영향을 끼친다는 의미로 "위에서 아래(top-down)"(37쪽)로의 처리라고 후자를 부른다. 이 후자의 영향을 보여주는 연구 결과를 살펴보자.

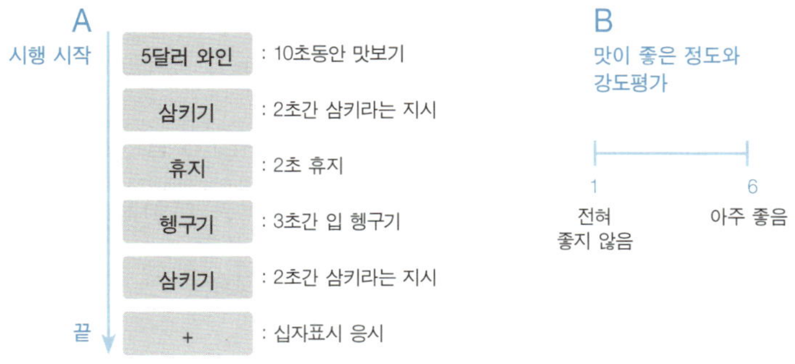

| 서로 다른 다섯 종류의 와인을 맛보게 하며 내측 안와전두피질의 반응을 측정하는 실험 설계

플래스만(Plassmann)과 동료들은, 가격이 서로 다른 다섯 종류의 와인을 맛보게 하여 주관적으로 얼마나 좋은가를 평가하도록 하고, 동시에 fMRI로, 좋아하는 반응을 나타내는 것으로 알려진 내측 안와전두피질(mOFC, medial orbitofrontal cortex)의 반응을 측정하였다고 한다. 위 그림에 실험 절차가 그려져 있다. 그런데 사실 실험에 사용한 와인은 두 종류로, 5달러짜리를 실제 가격으로 제공하거나 45달러짜리라고 하면서 제공했고, 반대로 90달러짜리 와인을 실제 가격으로 혹은 10달러짜리라고 하면서 제공하였다고 한다. 독자들도 알아챘듯이 싼 와인을 비싼 가격으로, 비싼 와인을 싼 가격으로 제시하면서 주관적으로 느끼는 감각 경험이 어떻게 바뀌는가를 비교한 것이었다. 독자들도 어떤 결과가 나올 것인지 예측해 보기 바란다. 실제 여러 심리학 연구들이, 동일한 제품에 대해서도 비싼 가격일 경우 더 만족한다는 결과를 보여주고 있다. 이 실험 결과도 마찬가지로 비싼 와인을 좋아하는 정도가 높게 나왔다고 한다. 더구나, 아래 그림에 나와 있는 것처럼 비싼 와인에 대한 대뇌의 반응, 즉 내측 안와전두피질(mOFC)의 반응이 훨씬 큰 것을 보여 준다. 가격이라는 정보가 와인 맛 감각에 영향을 끼치는 "위에서 아래(top-down)"로의 처리를 잘 보여주는 것이다. 기꺼이 비싼 가격을 투자하여 심리적으로나 신경적으로 만족한다는 것을 이 결과가 보여주는 것이다. 실제 우리 대부분이 싼 와인과 비싼 와인을 맛의 차이로 구별할 수 없으면서도 말이다. 연구 결과가 보여주는 우리 인간의 모습이 씁쓸한 미소를 짓게 한다.

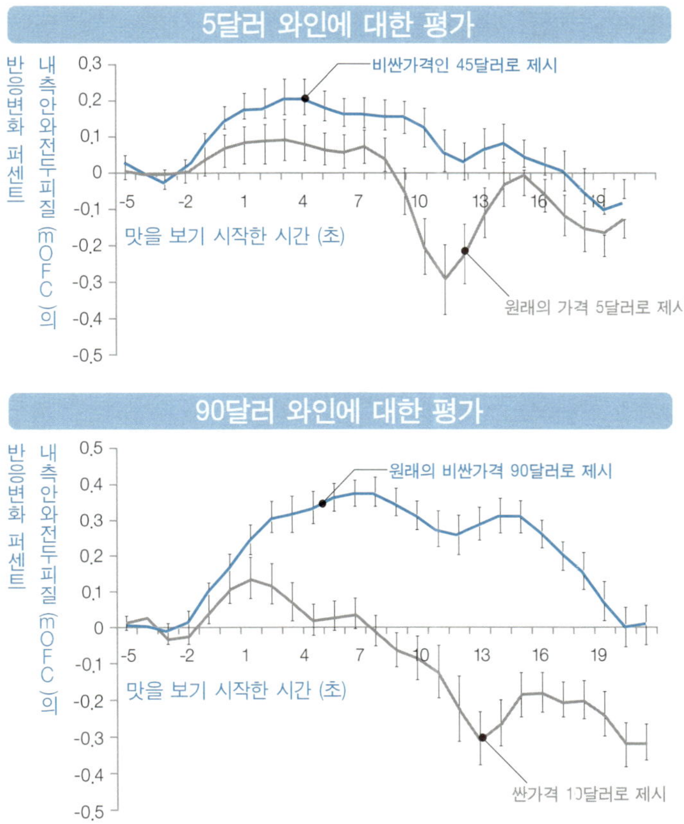

서로 다른 와인을 맛보게 하며 내측 안와전두피질의 반응을 측정하는 실험 결과

사적이고 주관적인 의식 경험

잠과 꿈

| 우리 삶의 반은 잠이며 이 속에서 꿈이라는 다른 세상으로의 여행을 경험하고 있는 것이다.

“언젠가 꿈에 내가 나비가 되었다. 훨훨 나는 나비였다. 아주 기분이 좋아 내가 사람이었다는 것을 잊고 있었다. 이윽고 잠을 깨니 틀림없는 인간 나였다. 내가 나비가 된 것일까. 아니면 나비가 꿈에 나로 변한 것일까”라는 장자의 호접춘몽이라는 글의 내용이다. 이 글에서 보듯이 “우리 삶의 반은 잠이며 이 속에서 꿈이라는 다른 세상으로의 여행”을 경험하고 있는 것이다. 어찌 보면 침대 광고 문안으로 쓰일 법한 표현이지만, 우리의 잠과 꿈이라는 현상에 대한 이해를 잘 나타내 주고 있다. 또한 우리는 수면과 꿈의 정체에 관해 관심을 안 가질 수가 없다. 왜 자야만 할까, 얼마나 자야 할까, 꿈은 왜 꾸는 것일까, 꿈이 무의식의 발현인가 아니면 앞으로 일어날 일에 대한 예언일 수 있을까, 장자가 얘기했듯이 또 다른 실체일 수 있을까 등등 궁금증은 한이 없다. 사실 이런 여러 의문 때문에, 더구나 아직 명확한 과학적인 답이 없기 때문에, 잠과 꿈에 관한 여러 속설이나 오해를 갖는 경우가 많다. 다음 주장들이 사실인지 거짓인지 독자들도 판단해 보길 바란다.

1. 어떤 사람들은 전혀 꿈을 꾸지 않는다. (사실, 거짓)
2. 꿈은 대부분 배가 아픈 것 같은 신체 감각 때문에 일어난다. (사실, 거짓)
3. 정신적인 건강을 유지하려면 여덟 시간의 수면이 필요한 것으로 증명되었다. (사실, 거짓)
4. 사람들이 꿈을 기억하지 못하는 것은, 아마도 꿈을 잊으려고 은밀히 노력하기 때문이다. (사실, 거짓)
5. 수면 박탈은 개인의 정신적인 불균형을 필연적으로 초래한다. (사실, 거짓)
6. 우리가 잠을 자지 못하면 다음 밤이나 혹은 다른 날 못 잔 잠을 모두 보충한다. (사실, 거짓)
7. 모든 사람은 자면서 규칙적으로 호흡한다. (사실, 거짓)
8. 수면이란 뇌가 쉬는 것이기에, 자는 동안 대뇌 활동은 일어나지 않는다.(사실, 거짓)

9. 어느 누구도 48시간 이상을 잠을 자지 않을 수 없다.(사실, 거짓)

10. 자면서 안구를 신속히 움직이는 경우가 있는데, 이때만 사람들은 꿈을 꾼다. (사실, 거짓)

잠과 꿈의 신경심리학

위의 주장들에 대한 답을 채점하기는 쉬운 데 모든 정답은 '거짓'이다. 독자들은 어떤 오해나 속설을 믿고 있는지 확인하기 바란다. 사실 잠이나 꿈 모두 사적이고 주관적이어서 과학적인 탐구가 쉽지 않고, 새로운 연구 결과가 잘 나오지 않는다. 그나마 수면 중에 일어나는 뇌파(EEG, electroencephalogram)와 빠른 안구운동(REM, rapid eye movement)과 같은 생리적 지표의 발견과 측정이 잠과 꿈의 이해를 시작하게 했다고 말할 수 있다.

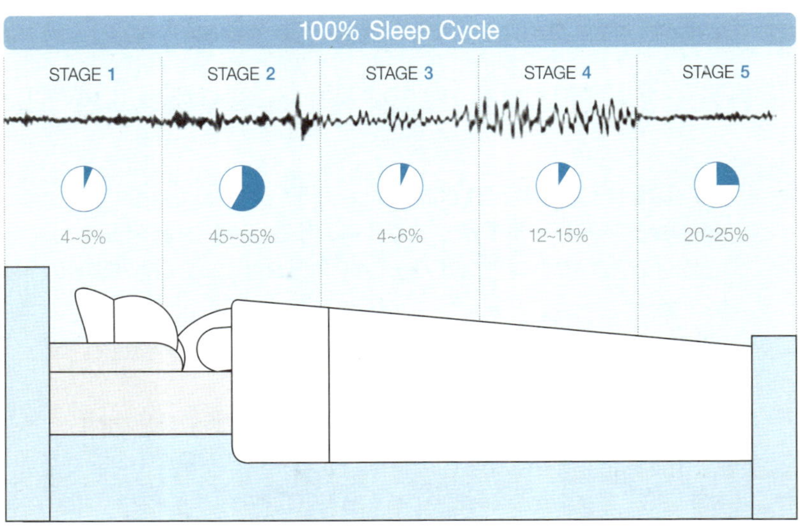

수면 시 나타나는 일련의 단계

위 그림에 나와 있는 것처럼 수면은 일련의 단계를 거친다고 한다. 각성과 수면의 중간인 1단계에서는 보통 낮고 빠른 뇌파를 보이며 보통 근육 활동이 이완된다. 그리고 호흡과 맥박이 느려지는 2단계에서는 뇌파도 점점 느려지고 보통 체온도 떨어진다. 그리고 깊은 수면의 시작인 3단계에서는 느린 델타파가 나타나기 시작해, 4단계에 도달하면 외부 자극에 대해 더는 반응하지 않고 제한적인 근육 반응만 나타나는 깊은 수면에 빠진다. 그런데 깊은 수면 상태인데도 불구하고, 1단계와 같은 뇌파를 보이며, 혈압이 높아지고 호흡이 증가하는, 그리고 흥미롭게도, 마치 빠른 액션 영화를 보고 있을 때처럼 안구가 신속하게 움직이는 단계가 나타난다고 한다. 이 5단계를 보통 REM 수면이라고 부르며, 총 수면의 20% 정도에서 다음 그림처럼 나타난다고 한다.

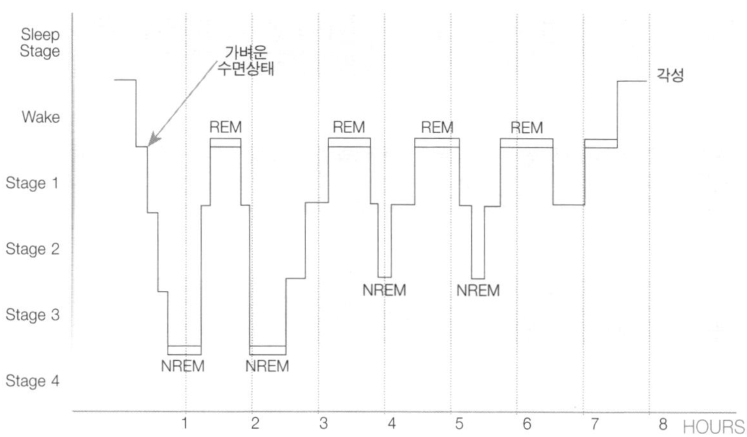

REM 수면 단계

그리고 더 흥미로운 것은 이 REM 수면 중인 사람들을 깨우면 80% 이상이 꿈을 보고한다고 한다. 그런데 왜 안구를 움직이는 것일까? 꿈속에서 일어나고 있는 활동을 안구가 쫓아가는, 즉 보고 있는 것일까? 좌우로 안구를 움직이는 사람을 깨우니 테니스에 관한 꿈을 꾸고 있었다고 보고한 사례도 있다고 하니 이런 추측이 가능할 수도 있다. 위의 그림에서 나타나 있듯이 30~60분 간격으로 15~20분 정도 지속되는 REM이 4~5번 정도 나타나니 대략 한 100분 정도의 영화 한 편을 보는 셈이라고 할 수 있을지 모르겠다. 물론 아직 과학적인 확인이 필요하지만 말이다.

REM이 꿈과 관련되기에, 무엇인가 꿈에 대한 추론을 할 수도 있다. 그런데 꿈이 REM과 늘 동반되지 않으며, 또 REM이 나타나지 않는 NREM에서도 꿈을 보고한다고 한다. 특히 잠에서 깨기 직전의 NREM 수면에서는 꿈을 자주 보고할 수 있다고 한다. REM이 꿈과 관련되건 안 되건 우리 마음의 심리적 기능에 중요한 기능을 할 것이라는 추측은 가능하다. 수면 중인 사람이 REM을 보일 때만 깨워서 REM을 박탈하게 되면, 나중에 방해받지 않게 될 때 평소보다 훨씬 많은 REM을 보인다고 한다. 뺏긴 꿈을 복구하는 것일까? 역시 추후 과학적인 확인이 필요하다.

꿈의 의미

왜 꿈을 꾸는 것일까? 꿈의 기능은 무엇일까? 꿈 내용은 어떤 의미가 있을까? 필자는 사실 이 부분을 몇 번이나 쓸까 말까 망설였다. 무언가 확실한 실험적 증거를 제시하며, 설령 잠정적이더라도 명쾌한 결론을 도출할 수 있는 것을 쓰기 어렵기 때문이다. 대단한 얘기를 하기보다는 기존의 생각을 줄여 정리한다. 우선 꿈이 어떤 심리적 기능 혹은 역할을 할 것인가의 문제와 꿈 내용이 의미가 있는가를 구분하여 생각하자. 장자의 호접몽에서부터 신탁에 이르기까지 인류의 역사에서 보면 꿈에 부여하는 의미는 실로 놀라울 정도다. 하지만 그 심리적

| 5살 미만의 아이들의 꿈에 대한 보고는 드물고, 있다고 해도 아주 개략적인 특성(예, '강아지를 보았다)을 보인다.

의미를 체계적으로 탐구하기 시작한 사람이 프로이트이다. 꿈은 우리의 무의식에 도달하는 최고의 지름길이며, 우리의 충족되지 못한 잠재적 무의식이 상징적 형태로 발현되는 것이기에 해석이 필요하게 된다. 즉 욕구충족이라는 심리적 기능과 상징적 의미를 부여한다.

다른 대안으로 역학습(reverse learning) 이론이 있다. 낮 동안 축적했던 여러 정보 중 더 이상 필요 없는 정보를 정리하는 작업이 필요하고 이것이 주관적 꿈 경험으로 나타난다고 생각하는 이론이다. 즉 일종의 정보 청소 작업의 부산물이 꿈이라고 생각하는 것이다. 신경생리학적 기능을 하지만 꿈 자체는 의미가 없다는 생각이다. 흥미롭게도 이 생각은 유전자의 이중나선구조를 밝히는 데 일조한 크릭(Crick)과 동료들이 제기한 이론이다. 또 다른 대안은 꿈이 생존에 필요(dreams for survival)하다는 이론이다. 우리의 생존에 중요성을 갖는 여러 정보, 즉 걱정, 염려, 생각, 욕구, 불확실성을 꿈으로 다시 고려하고 처리하는 것이라는 주장이다. 즉 꿈의 내용이 우리의 걱정과 염려를 나타내는 것이기에 의미가 있다고 생각하는 것이다. 앞선 역학습이론과 맥을 같이 하는 활성화-종합(activation-synthesis) 이론도 있다. 대뇌의 뇌간에서 신경전달물질의 변화로 신경 흥분이 발생하고 이것들이 대뇌의 피질에 전달되면 이를 그럴듯한 시나리오로 구성해 내는, 즉 종합의 부산물이 꿈일 것이라는 주장이다. 그러기에 어떤 특별한 심리적 의미를 부여할 필요가 없게 된다.

최근에 심리학자인 돔호프(Domhoff)는 20,000 사례가 넘는 꿈을 분석하여 보면, 실제 꿈의 내용은 아주 잘 정돈되어 있으며, 우리가 깨어 있을 때의 생각이나 사고와 아주 일치된다는 사실을 보고하며 활성화-종합 이론을 비판하고 있다. 더구나 5살 미만의 아이들의 꿈에 대한 보고가 드물고, 있다고 해도 아주 개략적인 특성(예, '강아지를 보았다'는 식의)이라는 점, REM을 보이지만 전두엽 손상 환자는 꿈을 꾸지 않는다는 결과 등을 들며 새로운 꿈 이론이 필요함을 역설하고 있다. 그리고 꿈 자체가 어떤 적응적인 가치가 있는 것은 아니며, 단지 수면과 고차인지과정의 진화론적 발달의 부산물이라고 주장한다. 아울러 앞서 언급했던 것처럼 깨어있을 때 일어나는 우리의 인지 과정 즉 생각이나 사고의 내용과 꿈의 내용이 같은 특성이라는 점에서 즉, 평소 깨어 있을 때 하던 생각의 내용이 꿈에서도 나타난다는 점에서 인지과학적인 꿈 연구가 필요함을 역설하고 있다. 앞으로의 과학적 탐구를 기다려 본다.

우리를 움직이게 하는 힘

동기부여의 심리학

| 보상을 주면 사람들을 쉽게 동기화시킬 수 있을 것이라고 생각하지만 사실 외재적으로 동기화된 행동은 보상이 없어지면 다시 일어나지 않는다는 것이 심리학의 발견이다.

필자는 심리학 공부를 처음 시작하는 학생들에게, 자신과 주변 사람들의 일상생활에서의 행동을 잘 관찰해 보라고 주문한다. 그리고 여러 행동이 얼마나 자주, 어떤 상황에서 일어나며, 어떤 결과를 초래하는지 생각해 보라고 한다. 그러면 학생들은 이런 작업이 쉽지 않으며, 사람들이 행동하는 이유 혹은 행동을 지속하는 바탕을 찾는 게 쉽지 않다고 말한다. 자신이나 다른 사람의 행동을 관찰한다는 것이 해보던 일이 아니기도 하고, 또한 여러 행동의 원인을 자각하기가 쉽지 않기 때문이다. 굳이 이런 분석을 해보도록 하는 이유는 바로 우리를 행동하게 만드는 바탕, 심리학에서 동기(motivation)라고 부르는 주제를 생각해 보도록 하기 위한 것이다.

동기의 내재적-외재적 차원

그런데 인간이 하는 여러 다양한 행동의 바탕이 되는 힘이라는 의미에서의 동기를 명확히 분류하고 정리하기는 쉽지 않다. 심리학자인 매슬로우가 한 것처럼, 그리고 우리 대부분이 이미 알고 있는, 행동을 일으키는 요구(need)의 종류와 위계를, 생리적 요구를 맨 밑바탕에 두고 그 위에 안정과 소속, 그리고 존중의 요구가 있으며, 가장 높이 자기실현이라는 요구가 있다고 생각하는 게 고작일 것이다. 즉 결손 혹은 결핍이 행동하게 만들기도 하고, 성장하고자 하는 힘이 역시 행동하게 한다고 생각할 수 있다. 사실 섭식 같은 생리적 행동에서부터, 아름다움을 추구하는 행동, 나아가 잠재적인 가능성에 도전하는 것과 같은 다양한 행동을 하나의 이론적 틀로 포괄하려는 것 자체가 무리일 것이다. 이 글에서는 동기들을 분류하는 또 하나의 차원, 내재적-외재적(intrinsic-extrinsic)차원과, 스스로를 동기부여하는 조건들을 살펴보자.

어떤 행동이 보상 때문이라면 이를 외재적 동기에 의해 일어난 것이라고 하고, 행동 자체가 즐겁거나 흥미롭기에 일어난다면 이를 내재적 동기에 의해 유발된 행동이라고 한다. 어떤 동기에 의한 행동이 지속적일까? 물론 내재적으로 동기화된 행동이다. 아마도 우리 인간이라는 존재 자체가 특정 대상에 관심을 갖고 자신의 역량을 발휘할 수 있는 도전을 찾도록 진화되었기 때문인지 모르겠다. 외재적으로 동기화된 행동과 내재적으로 동기화된 행동에 대해 생각해보자. 어떻게 동기화된 행동이 바람직한 것일까?

| 외재적 보상이나 처벌은 내재적 동기를 감소시킬 수도 있다.

흥미롭게도, 최근 아랍의 한 나라(United Arab Emirates)에서는, 학생들을 공부하게 만들기 위해 성적에 따라 현금을 주는 방법을 썼다고 한다. 이러한 보상이 학생들을 공부하게하고, 배우게 만들 수 있을까? 독자 여러분은 이 정책을 어떻게 생각하는지 모르겠다. 좋은 방법? 말도 안 되는 방법? 단기간적인 그리고 비교적 단순한 과제 수행에는 보상이 효과를 볼 수도 있다. 사실 외재적으로 동기화된 행동은 보상이 없어지면 다시 일어나지 않는다는 것이 심리학의 발견이다. 물론 지속적으로 현금을 주면 될지 모르겠다. 우리로서는 부러울 따름이지만 넘쳐나는 오일 머니를 처리하는 수단으로 말이다. 하지만 이 나라를 흉보거나 부러워할 필요는 없다. 실제로 모든 경제 활동이 이러한 당근과 채찍에 기초한 것이며, 우리나라에서도 사실 대부분의 대학 장학금은 성적순이니 말이다. 그런데 왜 심리학 지식에 위배되는 이러한 조치가 계속 사용되고 있을까? 심리학자인 데시(Deci)는 『우리가 하는 것을 하는 이유(Why we do what we do)』라는 책에서 사람들을 내적으로 스스로 동기화시키는 것이 훨씬 어려우며, 단순히 보상을 주는 방법이 쉽기 때문이라고 설명하고 있다. 그리고 "다른 사람을 어떻게 동기화시킬 것인가"가 아니고 "어떻게 사람들이 스스로를 동기화시킬 수 있는 조건들을 만들 것인가"가 중요하다고 역설한다.

사람들은 내재적으로 동기화 될 때 더 열심히 일하며, 그들 자신이 하는 일을 더 많이 즐기고 더 창의성이 발휘 된다고 한다. 그리고 외재적 보상이나 처벌이 내재적 동기를 감소시킬 수 있다고 한다. 한 실험에서 퀴즈를 푸는 것에 관심을 갖고 있는 즉 내재적으로 동기화 된 대학생들에게 성공적으로 퀴즈 문제를 풀면 보상을 준 경우와 그렇지 않은 경우를 비교해 보았더니, 전자가 퀴즈 푸는 행동을 감소시켰다고 하며, 비슷한 결과를 유치원 아동들에게서도 관찰했다고 한다. 보상이 내재적 동기를 잃어버리게 만들 수 있다는 것을 보여 주는 것이다. 마찬가지로 학습 과제를 수행하도록 하며, 경쟁이나 평가와 같은 사회적 통제 즉 처벌을 중요시하는 경우 역시 내재적 동기와 창의성을 손상시킨다고 한다.

배움에 대한 내재적 동기를 촉진하는 조건들

| 경쟁이나 평가와 같은 사회적 통제 즉 처벌을 중요시하는 경우 역시 내적 동기와 창의성을 손상시킬 수 있다.

학생을 가르치는 선생으로서, 가장 힘들고 그러면서도 포기할 수 없는 명제가 '어떻게 하면 학생들이 내가 가르치는 과목을 열심히 공부하도록 만들 것인가'이다. 앞서 언급한 심리학자 데시의 표현처럼 필자가 학생들을 동기화하는 것이 아니라 학생들 스스로 동기화되도록 하는 조건들을 찾으려고 필자는 늘 노력한다. 독자들도 읽고 함께 생각해 보며, 자신의 내재적 동기가 활성화되는 상황에 자신이 처하도록 만들어 보길 바란다. 물론 모든 사람에게 모든 경우 통용되는 비법이 있는 것은 아니지만 말이다.

70년대 시행되었던 유명한 실험에서 심리학자 미셜은 4살짜리 아이들에게 종과 마시멜로가 있는 방에 데려가, 지금 종을 치면 하나를 먹게 하고, 종을 치지 않고, 나중에 내가 올 때까지 기다리면 두 개를 먹게 하겠다고 말했다. 그리고 종을 빨리 친 아이와 기다렸던 아이를 10년 후에 비교해 보았더니, 보상을 지연했던 아이들이 훨씬 지능이 높았고, SAT 성적도 좋았으며, 좋은 대학에 들어갔고, 소득도 높았다고 한다. 욕구 충족을 지연하지 못했던 아이는 집에서나 학교에서 행동적인 문제가 있었고, 스트레스 상황에서 잘 견디지 못했고, 주의 집중에 문제가 있었으며, 친교 관계 유지에도 문제가 있었다고 한다.

사실 보상을 지연시키는 능력이, 학업 성적을 예측하는 데 있어 IQ보다 더 중요하다고까지 하니, 교훈은 명확하다. 앞에서는 외재적 동기가 중요하지 않은 것처럼 얘기했지만, 장기적인 미래의 큰 보상을 위한 노력과 스스로에 대한 제어와 통제의 중요성을 깨달아야 한다. 비록 당장의 흥미와 내재적 끌림이 없다 해도 말이다. 필자는 당장 재미없는 통계학이나 방법론 과목을 열심히 공부하라고 그 중요성을 강조하며, 나중에 여러분이 심리학을 전공하고 공부할 때 얼마나 도움이 되는지 즉 장기적 보상을 누누이 설명한다. 유감스럽게도 학생들은 이를 깨닫지 못하는 것 같다. 나중에야 알게 될까, 깨달음이란 늘 늦는 것이기에.

마지막으로 한 가지 더, 필자가 실패의 심리학에서 설명했던 성장과 고정 마음가짐(136쪽)을 다시 상기하기 바란다. 과제를 성공적으로 수행했다면, 학생들에게 혹은 여러분 스스로에게 자신의 지능이 아닌 노력을 칭찬해야 한다. 노력과, 장애나 문제를 해결한 것에 가치를 두는 '성장의 마음가짐' 만한 내적 동기는 없기 때문이다.

머릿속에 정보를 넣기

장기기억과 지식 표상의 종류

| 요사이 우리는 모든 지식을 굳이 머릿속에 담아 다닐 필요가 없어졌다. 유비쿼터스 환경이 언제, 어디서든지 필요한 정보에 접속할 수 있게 만들기 때문이다.

확인은 해보지 못했지만, 옛날 중국에서는 과거시험을 치를 때, 넉넉하게 종이와 필기구를 주고 아는 것을 다 쓰라고 했다고 한다. 이런 방식으로 기말고사를 치면 어떨까 하고 필자가 학생들에게 농담했더니 안 된다고 아우성이었다. 소위 말하는 현재의 지식 사회와 비교한다면, 그 당시 관리가 기억하고 있어야 할 지식이나 정보라는 것이 많아 봤자 얼마나 많았겠는가. 그러니 이 방법이 통했을 것이다. 하지만 독자들도 알듯이 요사이 우리 인류는 엄청난 지식을 갖고 있다. 한 과목에서조차 엄청난 양의 정보를 다루게 되기에 이러한 시험을 본다는 것이 불가능해 보인다.

더구나 이 지식을 굳이 머릿속에 담아 다닐 필요가 없다. 유비쿼터스 환경이 언제, 어디서든지 필요한 정보에 접속할 수 있게 만들기 때문이다. 사실 최근 사이언스(SCIENCE)지에 실린 실험을 보면, 사람들이 어려운 질문을 접하게 되면, 컴퓨터를 떠올린다고 하며, 어떤 정보를 나중에 접속할 수 있다고 기대하게 되면, 기억하려고 하지도 않고 실제 기억 회상하는 비율이 낮아진다고 한다. 그리고 오히려 어떻게 접속할 수 있는지를 잘 기억한다고 하며, 이를 구글 효과(Google effects)라고 부르고 있다. 우리 모두가 경험하듯이 요사이 전화번호를 외우는 사람은 거의 없다. 외적 환경인 인터넷과 스마트폰이 기억의 주된 공간이 되고 있는 것이다. 현재의 IT 환경이 절정에 이르는 때가 되면, 우리 인간의 마음 작용에 어떤 변화가 올까, 독자들도 상상의 나래를 펼쳐보길 바란다.

기억의 분류

그러나 아무리 시대가 바뀌어도 머릿속에 정보를 갖고 있는 것은 중요하며, 그 종류와 작용을 탐구하는 것은 심리학 연구의 핵심이라고 할 수 있다. 왜냐하면, 우선은 어떠한 외부 정보도 내적인 기억과 연결되며 이해되어야 지적 활동이 일어나기 때문이다. 모든 인지 활동은 기억에 기반을 둔다. 그리고 두 번째로, 이러한 지식의 문제는, 인간의 인지 능력을 이해하고, 인공적인 인지시스템을 개발하고자 하는 인지과학(cognitive science)에서도 가장 중요한 주제가 된다. 예를 들어 컴퓨터를 똑똑하게 만들려면 어떤 정보나 지식을 어떤 형태로 인공 시스템인 컴퓨터에 심어 주어야 하겠는가, 즉 표현해 주어야 하겠는가의 문제이다. 이를 보통 지식표상(knowledge representation)이라는 용어를 써 다룬다. 독자들은 기억이 정보를 받아들이고(부호화하고), 저장했다가, 인출하는 과정이라는 것을 읽었을 것이다(51쪽). 이번에는 기억하고 있는 것 즉 결과물이라는 의미에서 인간의 장기기억(long-term memory)의 유형부터 살펴보자.

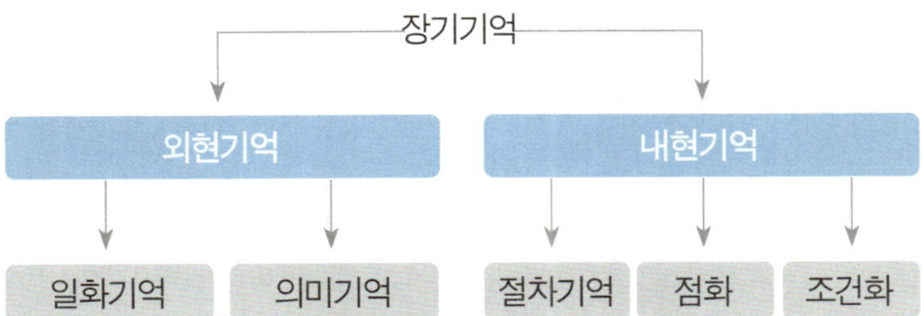

인간의 장기기억 유형

우리는 외부 사건과 접촉하며 보거나 들은 것을 잠시 동안 유지하게 되는데 이를 보통 단기기억이라고 한다. 이 정보를 가지고 여러 인지적인 일을 하는 것이기에 작업기억(working memory)이라고도 부른다. 보통 이 작업은 30여 초의 시간 범위에서 이루어지며 오래 지속할 수 있도록 바꾸지 않으면 우리의 의식에서 사라져 버리고 망각하게 된다. 전화번호를 듣고 외우거나 적어 놓지 않으면 곧 잊게 되는 게 예가 된다. 이 30초 후에서부터 몇십 년 전까지에 걸쳐, 우리의 마음속에 남아 있는 정보를 장기기억이라고 부른다. 그러면 이 장기기억에 들어가 있는 정보는 무엇일까? 어떤 종류일까?

첫째 분류의 기준은 '자신이 기억하고 있다는 것을 자각하느냐' 혹은 '의식하고 있느냐'다. 의식하지 못하면 내현(혹은 암묵, implicit)기억이라고 한다. 대표적인 예가 알코올 중독의 결과로 기억상실이 일어나는 환자(Korsakoff 환자)는 자신이 본 책이나 잡지를 봤다는 것을 기억하지 못하면서도, 이 경험이 나중 수행에 영향을 끼친다고 한다. 즉 기억해내지는 못해도 머릿속에 남아 있는 것이다.

스스로도 자각하지 못하는 기억

내현기억은 정상인에게도 관찰할 수 있다. 대표적인 예가, "어떻게 하느냐"의 기억 즉 절차(procedural)기억이다. 보통 오랜 기간에 걸쳐 연습하며 습득되는 기술이 예가 된다. 자전거 타기나 운전하기, 기타 같은 악기 연주나 타자치기 등에서 볼 수 있는 것으로, 수행되는 과정에 대한 자각이나 의식적인 개입 없이 신속하고도 능숙하게 이루어진다. 더구나 이 수행되는 과정은 말로 표현하기 힘들며, 일단 습득된 기억은 잘 없어지지도 않는다고 한다. 필자는 스케이트를 거의 40여 년 전 초등학교 6학년 때 배웠고, 그동안 별로, 아니 거의 타지도 않았는데 아직도 꽤 능숙하게 탈 수 있는 것을 보면 이 말이 설득력 있어 보인다. 그리고 이 기술은 일종의 '조건-행위(If-Then)'라는 단위로 만들어져 있을 것이라고, 즉 표상되어 있을 것이라고 생각하고 있으며, 실제 인지과학 모델 구축에서 사용되고 있다고 한다.

필자가 읽었던 어떤 소설에 나오는 내용이다. 주인공이 고향을 떠난 지 몇 십 년이 지난 후 다시 돌아가게 되었고 고향 마을 어귀에 이르자 버스에서 내리며 "고향에서 살던 기억이 물밀 듯이 마음에 떠올랐다"라는 표현이 있다. 사실 이 현상은 실험실에서 확인하기는 더 쉽지만, 독자들도 이와 비슷한 경험을 했을 것이다. 그러면 이 현상이 무엇을 말하는 것일까? 고향에 도착해서 보게 된 나무나 집 모습 등과 같은 단서들이 우리의 마음속에 남아 있던 기억들에 말하자면 불을 붙인 것이라고 생각할 수 있다. 그리고 이는 분명 우리의 자각이나 의식적인 노력과는 관계없이 일어난 것이다. 이 현상에 심리학자들은 점화(priming)라는 단어를 붙인다. 이 영어 단어는 어원상, '밑에 가라앉아 있는 물을 끌어오기 위해 펌프에 붓는 한 바가지의 마중물'이라는 뜻도 있다고 한다. 물, 불 어떤 것으로 비유하건, 한 번 경험한 것과 그렇지 않은 대상이나 자극을 구별해 내는 기억을 말하는 것이다. 거의 비슷한 기억 현상이 조건형성이다. 독자들은 이미 파블로프 조건형성과 조작적 조건형성이 학습과 기억의 기본이라는 것을 읽었을 것이다. 반복된 연합(association) 경험이 관련된 기억 흔적을 만드는 것이다.

자각할 수 있는 기억

이제 위 그림(인간의 장기기억 유형)의 왼쪽으로 이동하면 우리가 통상 기억이라고 부르는 두 종류가 있다. 스스로 안다고 즉 기억한다고 자각하고 의식할 수 있기에 이를 외현(explicit 혹은 서술 declarative)기억이라고 부른다. 의미기억(semantic)은 여러 물건이나 대상 그리고 여러 사건에 관한 사실(facts)을 기억하는 것으로, 범주화라는 과정을 거쳐 형성되는 개념적 지식을 말한다. 필자는 심리학 교과서에 실린 학습, 지각, 동기 등 여러 용어와 진술을 기억하고 있으며, 전공이 아니지만, 주변세상에 존재하는 여러 동식물의 이름과 관련 정보를 기억한다. 하긴 기억한다는 표현보다 안다는 표현이 적절해 보인다. 대부분의 공식 교육을 통해 획득하게 되는 것이 바로 이 개념적 지식이며, 이 지식이 우리의 지적 활동의 바탕이 되는 것이다. 그러기에 컴퓨터라는 인공시스템에 어떻게 개념적 지식을 넣어 줄 것인가, 즉 표상할 것인가는 인공지능과 인지과학의 핵심 주제가 된다.

"고향에서 살던 기억이 물밀듯이 마음에 떠올랐다"라는 표현이 있다. 이 현상은 고향에 도착해서 보게 된 나무나 집 모습 등과 같은 단서들이 우리의 마음속에 남아 있던 기억들에 말하자면 불을 붙인 것이라고 생각할 수 있다.

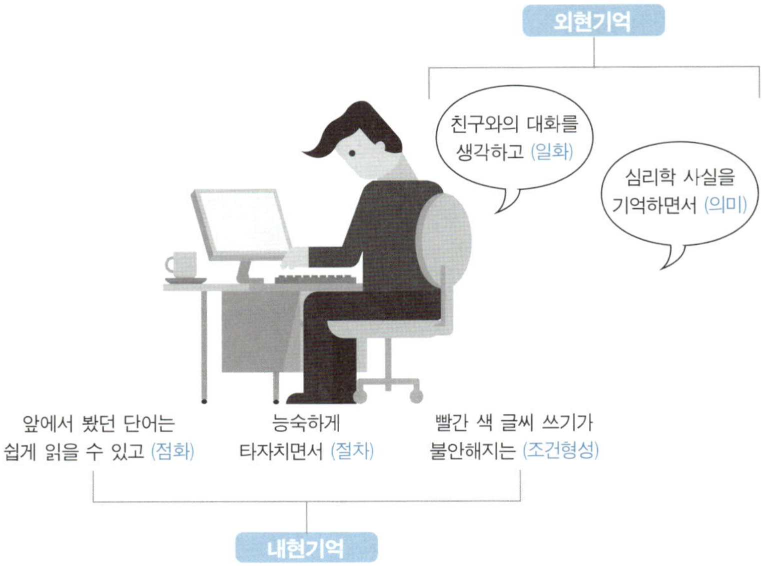

| 외현기억과 내현기억

외현기억의 다른 종류는, 일화(episodic)기억이라 부르는, 특정 시간, 장소와 밀접히 연관된 사건에 관한 주관적인 기억이다. 특히 털빙과 같은 심리학자는 일종의 정신적 시간 여행(mental time travel)을 포함하는 기억이라는 측면에서 의미기억과 구별되어야 한다고 생각한다. 즉 기억하는 정보의 내용이 다르며, 다른 종류의 경험에 기초하는 것이다. 그러기에 일화기억은 종종 그림과 같은 심상이 동반되기도 한다. 필자는 이십 년 전으로 돌아가, 간호사에게서 이불에 싸인 딸아이를 넘겨받던 때의 장면과, 심지어 팔에 전해지던 아이를 안은 무게감까지도 기억한다. 물론 신경생리학적 증거도 있다. 의미기억에는 손상이 없지만 일화기억에만 문제를 보이는 환자가 있다는 연구 결과도 있고, 두 기

억이 서로 다른 대뇌 부분에서 일어난다는 증거도 있다.

마지막으로 한 가지 잊지 말아야 할 것은 이 장기기억의 다섯 가지 종류(작업기억까지 합치면 여섯 가지)는 서로 밀접하게 상호작용한다는 점이다. 위의 그림에서처럼 여러분이 심리학에 관해 리포트를 쓴다고 하자. 여러 심리학 용어를 기억해 내고, 어제 친구와 리포트 쓰는 주제에 관해 이야기했던 기억을 떠올리고, 앞에서 봤던 용어를 다시 생각해내고, 특별한 자각도 없이 능숙하게 타이핑을 하다가, 어떤 단어를 빨간색으로 표시하려다 망설인다고 하자. 이 일련의 과정에 관여한 장기기억의 종류를 확인해 보기 바라며, 모든 기억들이 상호작용한다는 것을 실감하길 바란다.

마음의 작용, 눈의 움직임

안구운동과 마음

| 눈의 움직임은 대상에 대한 주의 집중 문제와도 관련된다.

심리학에서는 마음의 작용을 알아보기 위해 여러 다양한 과제를 사람들에게 하도록 하고 그 변화를 살펴본다는, 필자의 말을 독자들은 기억하고 있는지 모르겠다. 그런데 이때 마음의 작용을 잘 나타내 주는 행동적, 생리적 측정치를 함께 갖고 있다면, 해결해야 할 문제의 절반은 풀어 놓은 게 된다. 그러기에 심리학 탐구에서도 신뢰성 있고 타당한 장치를 통한 측정이 매우 중요하다. 여러분들은 이미 꿈과 같은 아주 주관적인 의식 경험 탐구에 뇌파와 신속한 안구운동 같은 객관적 측정 방법이 상당한 기여를 했다는 것을 읽었을 것이다. 이번 글에서는 안구운동 추적을 통한 마음 연구를 살펴보자.

눈은 마음의 창

눈이 우리의 마음작용에 중요할 것이라는 추측은 산재한다. "눈은 마음의 창"이라는 속담이 있으며, 우리의 여러 마음의 작용, 즉 정보처리가 눈을 사용하는 시각을 통할 것이라는 것은 상식이다. 정확하게 몇 퍼센트인지 계산하기는 어렵겠지만, 일상생활에서 다른 어떤 감각보다 시각은 절대적이다. 요사이 지하철에서 모든 승객이 자신의 핸드폰을 쳐다보고 있는 것을 보며 실감할 수 있다. 또한, 우리가 어떤 대상에 주의를 기울인다는 것은, 그 대상으로 얼굴과 눈을 돌리는, 즉 움직이는 것이다. 그러기에 자연스럽게 눈의 움직임은 우리의 주의 집중 문제와도 관련된다. 물론 주의와 눈의 움직임이 동일한 것은 아니지만 말이다. 앞에 있는 사진에 눈을 고정한 채로 옆에 서 있는 사람에게 주의를 기울일 수도 있다.

이미 오래전부터 눈의 움직임에 관심을 두고 여러 학자가 탐구해 왔다. 자발(Javal)이라는 학자는 눈의 움직임이 아주 짧은 멈춤과 신속한 도약으로 이루어진다는 것을 발견했다고 한다. 우리가 책을 읽을 때 마치 눈이 줄을 따라 서서히 흘러가듯이 움직이는 것처럼 느끼지만 말이다. 전자를 눈고정(fixation)이라고, 후자를 도약운동(saccades)이라고 부른다. 그리고 글을 읽을 때, 눈이 전진 방향, 즉 왼쪽에서 오른쪽으로 움직이는 것이 아니라, 거꾸로 돌아가는 움직임도 나타나는데 이를 회귀운동(regression movement)이라고 한다. 눈의 움직임은 어떻게 측정해야 할까? 예전에는 전선이 들어가 있는 렌즈를 끼고 전기자기장 틀 안에 들어가야 했다고 하나, 최근에는 하드웨어와 소프트웨어 기술이 발전하여 훨씬 쉽게 안구를 추적할 수 있다. 보통 우리는 지각하지 못하는 적외선을 눈에 투사하고 우리의 수정체에서 반사되어 오는 것을 잡아 현재의 눈의 위치, 움직인 거리 등을 계산하는 자료로 사용한다.

안구운동 추적 실험

다음 쪽의 사진이 필자의 실험실에 있는 안구추적 장치이다. 3번 사진에서 왼쪽에 있는 것은 턱을 고정한 채 실험을 해야 하는 장치이고, 오른쪽에 있는 안구추적기는 안경처럼 쓸 수 있다. 안구운동 추적 연구 결과를 이해하기 위해서는 실험 상황과 분석 방법에 관한 어느 정도 지식이 있어야 하기에 몇 가지만 설명하자. 1번 사진의 왼쪽에 나타나 있는 것처럼 사람들은 글이나 그림이 나타나는 화면을 바라본다. 그리고 옆에 있는 다른 모니터에는, 2번 사진에서 확대해 놓은 것처럼 눈의 모습과 여러 실시간 측정치들이 나온다. 물론 이 모니터는 실험자만 보는 것이다. 안구운동 추적 실험을 하려면 우선 사람들이 보는 모니터의 여러 위치에 보통 십자표를 제시하고 쳐다보도록 하면서, 화면의 위치와 눈의 움직임을 대응시키는데 이러한 좌푯값 확인을 시점 고정(calibration)이라고 한다.

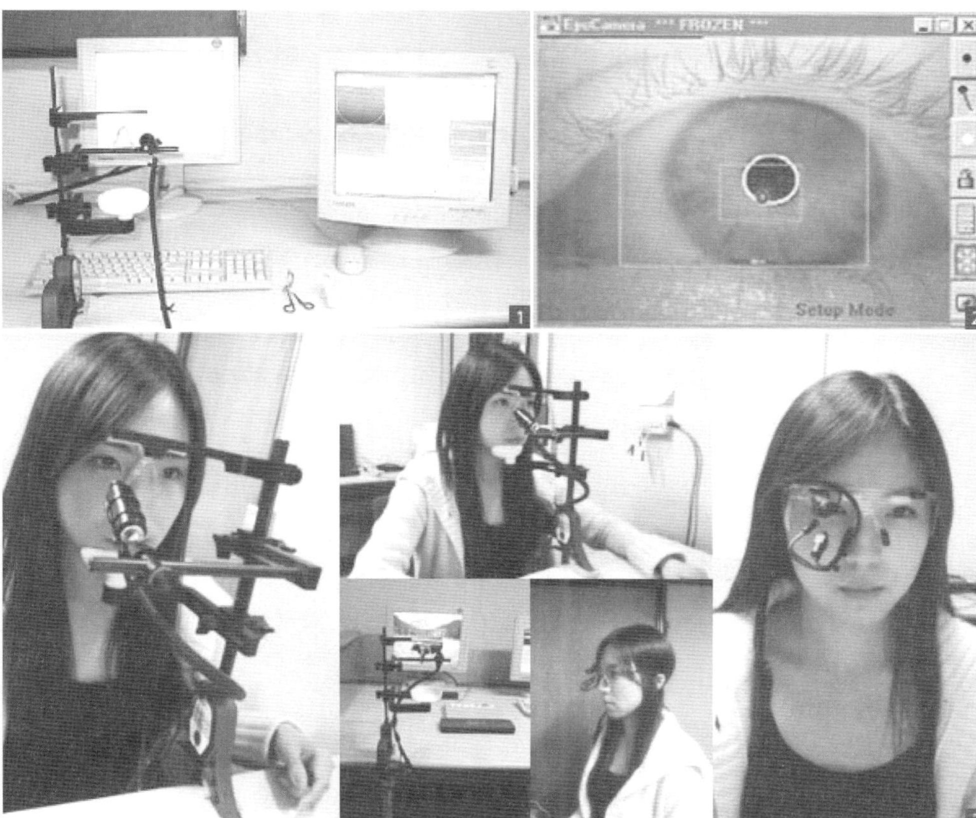

안구운동 장치와 피험자 참여 모습

수많은 연구가 안구운동 추적을 통해 마음의 작용을 탐구해 왔다. 아마도 가장 대표적인 것이, 우리가 글을 읽는 과정, 즉 독서과정에 관한 탐구이다. 다음에 한 피험자의 안구운동 추적의 예가 있다.

인간에게 알려진 가장 오래된 기계장치 중의 하나는 플라이휠이다. 이것은 모든
•1 664 •2 367 •3 334 •4 184 •5 250 •6 218 •7 267 •8 534 •9 217 •10 167

내연기관에 포함돼 있으면서, 피스톤의 급격한 움직임을 부드러운 흐름으로 변환하여
•11 484 •12 200 •13 434 •14 283 •15 234 •16 83 •17 96 •18 250 •19 667

구동축에 힘을 전달하는 역할을 한다. 플라이휠이 크고 빨리 회전할수록, 많은 에너지가
•20 150 •22 183 •23 367 •24 300 •25 484 •26 167 •27 267 •28 284 •29 567

축적될 수 있다. 그러나 플라이휠이 만들어지는 재료의 강도에 따라 최대회전 속도는
•30 383 •31 200 •32 267 •33 251 •34 384 •35 184 •36 351 •37 234 •38 251 •39 300 •40 283

제한된다. 만약 플라이휠의 크기에 비해서 빨리 회전하게 되면, 플라이휠은 튕겨져 버릴
•41 567 •42 167 •43 200 •44 251 •45 267 •46 200 •47 400 •48 467 •49 233

것이다. 유리섬유와 천연고무가 겹쳐진 원반으로 만들어진 플라이휠은, 자동차 안과 같이
•51 117 •53 267 •54 200 •55 384 •56 267 •57 250 •58 367 •59 217 •60 83

한정된 작은 공간에서 가장 많은 에너지를 저장할 수 있다. 반면에 여러 개의 테 없는
•61 133 •64 417 •65 451 •66 183 •67 183 •68 300 •69 267 •70 500

바퀴살로 이루어진 수퍼플라이휠은 공간의 제한이 없을 때 최대의 에너지를 저장한다.
•71 534 •72 200 •73 383 •74 233 •75 351 •76 367 •77 234 •78 901

안구운동 추적 실험

글의 밑에 표시한 점이 안구고정이 일어난 위치이며, 그 밑의 숫자는 그 어절(띄어쓰기 단위)에서 일어난 안구 고정을 합쳐 계산한 응시시간(gaze)이다. 독자들도 함께 읽어가기 바란다. 우선 한 가지 흥미로운 것은 거의 모든 단어, 즉 어절에서 눈고정이 일어난다는 것이다. 물론 고정이 되지 않는 단어도 있다. 특히 뒷부분에서 이러한 경향이 확실

하다. 사실 위의 글은 과학 잡지에 실린 다소 어려운 글이다. 첫 문장의 '플라이휠' 단어에서 긴 응시시간을 보인 것이나, 두 번째 문장의 '내연기관'과 마지막 단어 '변환하여'에서 긴 응시시간을 보인 것이 이를 나타내 주고 있다고 생각할 수 있다.

그럼에도 불구하고 전반적으로 짧은 어절 응시시간, 즉 빠른 읽기 시간을 보이고 있으며, 이해과정이 순조롭게 이루어지고 있다는 것을 보여준다. 다섯째 줄과 여섯째 줄에서 나타나는 회귀운동은 줄을 바꾸어 읽어 가는 데서 생긴 오류라고 보인다. 사실 이 피험자는 공학을 전공하는 대학원생이었다. 실제로 필자의 실험실에서는, 위와 같은 내용에 친숙하지 않을 인문계 여학생도 피험자로 사용하여 안구운동을 추적하고 비교하였다. 어떤 결과가 나왔을까? 안구운동 패턴의 현격한 차이, 즉 긴 응시시간, 빈번한 안구 회귀 운동을 관찰할 수 있었다. 말하자면 독서 이해의 전반적인 어려움이나, 그 어려움이 일어나는 단어 위치를 안구운동 추적을 통해 파악할 수 있는 것이다. 그리고 그 어려움이 일어나는 바탕 즉 언어 이해 과정의 하위 과정을 탐구할 수 있다. 물론 독서 이해 과정에 관여하는 여러 요인의 효과, 즉 나이, 학년, 성별, 비슷한 글에 대한 독서 경험 등도 확인할 수도 있다. 안구운동 연습, 즉 눈동자를 움직이는 훈련을 통해 독해력과 독서 속도를 증가시킬 수 있다는 주장이 회자한 적이 있다. 하지만 독자들도 깨달았듯이 안구운동은 독서 이해 과정의 결과물이다. 안구운동 훈련보다는 글 내용에 관한 배경 지식이 독서 이해에 더 중요하다고 할 수 있다.

여하튼 필자가 보여주고 싶은 것은 안구운동 추적을 통해 독서 과정과 같은 내적인 인지 과정을 탐구할 수 있다는 것이다. 하지만 독서 이해 과정뿐만 아니라, 앞서 언급했듯이 주의 과정, 그림이나 사진 지각 과정 탐구에도 사용되고 있으며, 최근에는 여러 광고 회사나 포탈 기업에서도 응용연구가 활발히 이루어지고 있다. 앞으로의 창의적인 안구운동 추적 연구를 기대해 본다.

공포를 경험하는 과정

편도체의 역할

| 슬픔과 공포와 같은 강한 감정도 긍정적인 기능을 할 수 있을까?

사회적 동물인 인간에게 정서 경험의 표출과 전달은 중요하며, 이러한 소통이 얼굴 표정을 통해 일어난다는 다윈의 진화론적 설명(27쪽)을 독자들은 기억할 것이다. 얼굴 표정으로 상대방의 마음 상태를 읽어내고 그에 맞춰 대응할 수 있다는 의미에서, 정서 경험이 얼굴 표정으로 나타나고 그리고 이를 읽어내는 능력은 아주 중요한 사회적 적응의 문제일 수 있다. 그런데 이러한 정서적 소통의 문제에 앞서 생각해 볼 수 있는 것은, 우리 인간을 포함한 고등동물은 왜 정서 경험 자체를 갖게 되었는가 하는 의문이다.

기쁨이나 행복감 같은 긍정적인 정서는, 우리를 기분 좋게 만들기에 굳이 그 기능을 따질 필요가 없어 보이지만, 공포나 슬픔 같은 부정적인 정서도 나름대로 어떤 기능을 하는 것일까? '우울증에 대한 이해'(96쪽)에서 언급했듯이, 우울 경험도 더 이상의 위험에 처하는 행동을 하지 않게 하고 쓸데없는 행동을 억제하는 것이기에 나름대로는 적응적일 수 있어 보인다. 그럼에도 불구하고 어쩐지 진화론적 틀에 우겨 넣은 것 같은 인상은 떨칠 수가 없다. 슬픔이나 공포와 같은 강한 감정도 어떤 긍정적인 기능을 한다는 말일까? 공포 경험의 노예로 떨어지게 되는, 그래서 여러 현실적인 어려움과 부적응에 시달리게 되는, 가장 흔하게 발생한다는 다양한 유형의 공포증(phobia)이 있는데도? 이번 글에서는 뇌의 작용과 관련시키며, 공포의 다른 측면을 공부해 보자.

편도체는 일종의 공포 탐지기

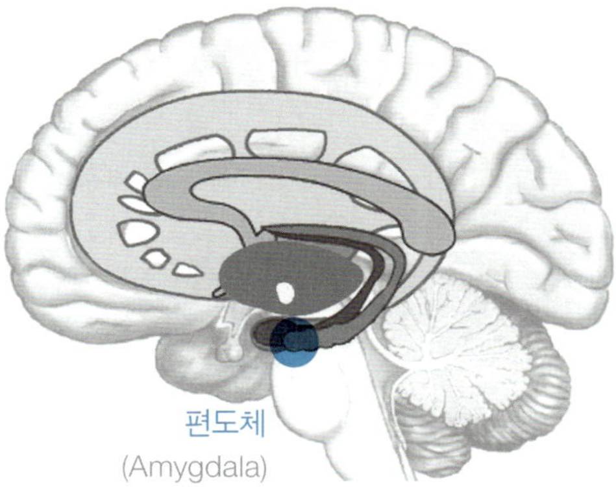

편도체의 위치

필자는 어떤 번역한 책을 읽다가 편도체(amygdala)를 편도선이라고 잘못 번역해 놓은 것을 본 적이 있다. '편도'라는 용어가 같이 들어가 있어서 혼동했을 수도 있고, 편도체에 관한 지식이 널리 알려져 있지 않았기 때문일 수도 있다. 하지만 여러 심리학 연구에서는, 아몬드(almond, 편도)를 닮아 이름 붙여졌다고 알려진, 편도체가 정서 경험을 만들어 내는 데 중요한 역할을 하며 특히 공포 경험과 밀접한 관련이 있다는 것을 보여 주고 있다. 우리가 공포를 경험하기 전에 우선 두뇌는 두려워할 만한 어떤 대상이 있다는 결정을 해야 한다. 이러한 결정을 보통 '정서적 평정'이라고 부르는데, 한 자극에 대한 정서와 관련된 측면을 평가하는 과정이라고 할 수 있으며, 바로 편도체가 이 일에 결정적이라는 것이다.

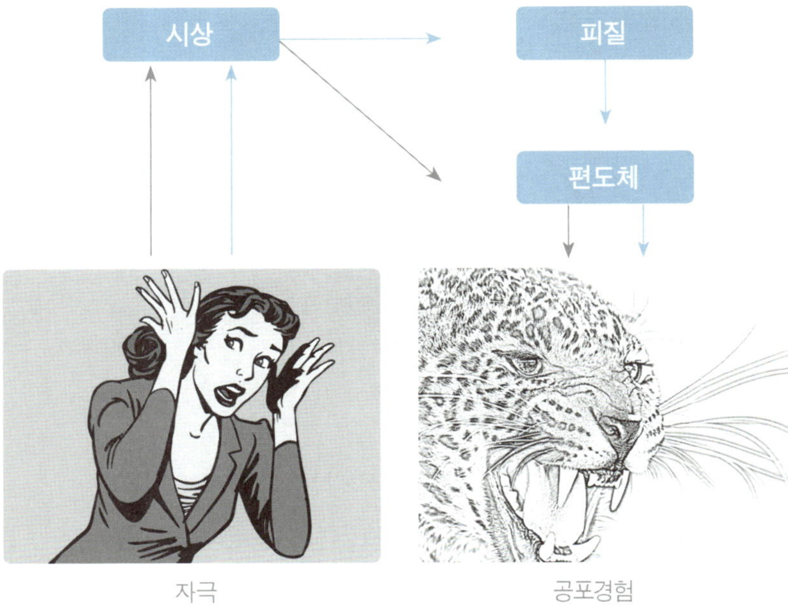

편도체의 신속한 결정 과정

편도체를 손상시킨 원숭이가 뱀이 나타나도 별 다른 동요가 없었다는, 즉 뱀을 위협적인 존재로 인식하지 못한다는 실험 결과가 있다. 그리고 사람들은 보통 정서적으로 연관된 단어들을 잘 기억하는데(즉 공포가 기억을 촉진하는 효과), 편도체가 손상되거나 일시적인 손상을 일으키는 약을 복용한 사람들은 그렇지 않다는 연구 결과도 있다. 심지어는 원숭이를 수술을 통해 왼쪽 눈에 들어오는 정보는 편도체와 연결시키고, 오른쪽은 그렇게 하지 않았더니, 왼쪽 눈에 들어온 위협적인 자극에 대해서만 공포와 놀라는 반응을 보였다고 한다. 말하자면 눈으로 보는 시각적인 자극이 편도체에 의해 위협적인 것으로 인식되어야만 공포를 경험한다는 것을 보여주는 것이다.

또한, 편도체는 아주 신속하고 민감하게 작용하여 일종의 공포 탐지기 같은 역할을 하고, 심지어는 대상에 대한 자각 없이도 잠정적으로 위협적인 대상에 대해 신속히 반응한다는 것이다. 그래서 심리학자인 르독스(LeDoux)는 공포 자극이 시상(thalamus)을 거쳐 바로 편도체를 통하여 경험이 일어나는 '고속 통로'와 대뇌 피질을 거쳐 일어나는 '저속 통로'를 제안한다. 말하자면 편도체는 위협적인 대상에 대해 우선 신속한 공포 경험을 만들어 내는 것이며, 나중에야 느리지만 더 정확한 정보가 피질로부터 전달되어 현재의 경험을 유지하거나, 반대로 줄이는 즉 억제하는 반응이 일어나게 된다는 것이다. 최근의 연구(Bocanegra & Zeelenberg, 2009)는 편도체의 신속한 결정 과정을 잘 보여주고 있다.

아래 그림에 절차가 그려져 있듯이, 피험자들에게 눈을 고정해야 하는 점(가운뎃점)을 제시하고, 이어 공포를 나타내는 얼굴 사진과 그렇지 않은 얼굴 사진을 무선적으로 약 70ms 동안 보여주었다. 그리고 피험자들이 해야 할 과제는, 고정점의 좌우에 역시 무선적으로 40ms 동안 제시되는 수직선들이 정확히 수직선인지 아니면, 시계 방향 혹은 반대 방향으로 기울어져 있는지 판단하여 반응하는 것이었다. 앞서 제시한 얼굴 사진은 말하자면, 피험자들을 특정한 마음 상태로 만드는 일종의 점화(prime) 자극이라고 할 수 있다

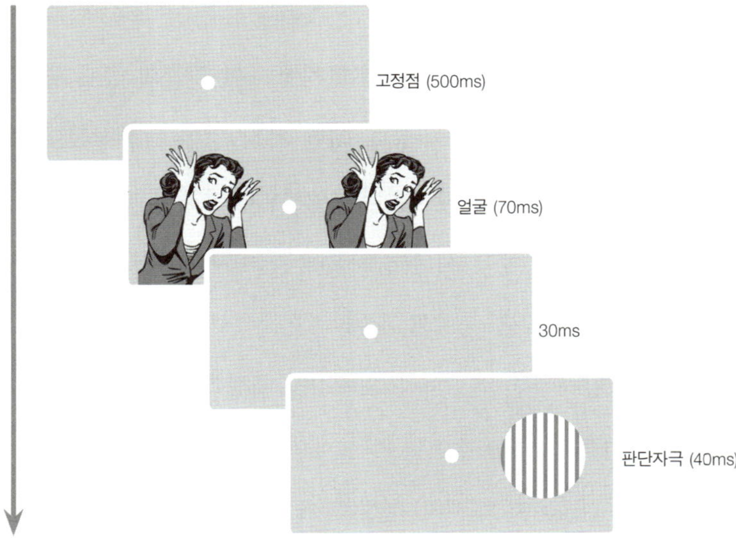

실험 절차

짧은 순간에 이루어지는 판단

독자들은 마지막 화면에서 수직선들을 볼 수 있는데, 연구자들은 이를 변화시켜 직선들을 굵게 혹은 가늘게 변화시켰다. 이를 공간주파수(spatial frequency)라고 부르는데, 낮은 공간주파수의 시각 정보는 사물의 대체적인 윤곽을 제공해 주며, 높은 공간주파수는 세부적인 시각 정보를 제공해 준다고 할 수 있다. 예를 들어 나무를 본다고 할 때 전체적인 나무 생김새는 낮은 주파수에 의해, 그리고 나뭇잎 모양과 같은 세부적인 특징은 높은 주파수에 의해 정의된다고 할 수 있다. 왜 이런 이야기가 갑자기 나오는지 의아해할 독자들이 있을 것이다. 그 시사점은 실험 결과를 보며 설명하자.

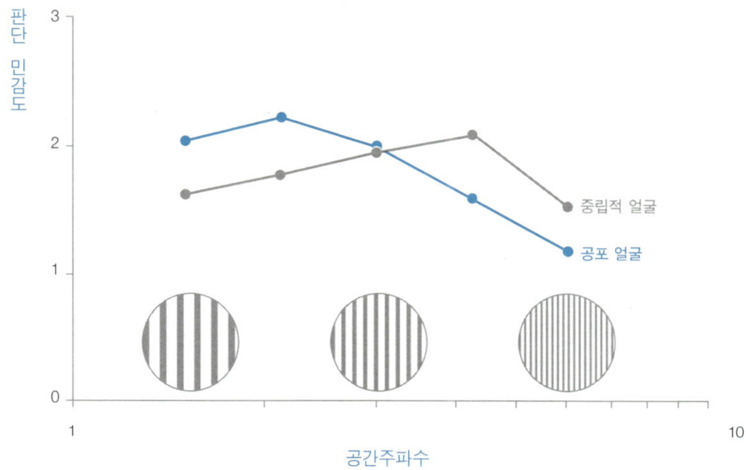

실험 결과

위의 그래프를 보며 실험 결과를 이해해 보자. X축은 서로 다른 공간주파수를 나타내고 있으며, Y축은 사람들이 선이 수직인지 아니면 기울어져 있는지 정확하고 민감하게 판단했는가를 나타내고 있다. 우선 공포를 경험하고 있는 얼굴에 노출되었던 조건에서는 맨 왼쪽 수직선, 즉 낮은 공간주파수에 대해 가장 잘 판단하였으며, 그 정도는 오른쪽으로 갈수록 점점 약해지고 있다. 반면 중립적인 얼굴 표정에 노출되었던 경우는 주파수가 어느 정도 높을 때 가장 좋은 민감도를 보인다. 여기서 중요한 것은 전자의 결과이다. 즉 공포 상황이 낮은 주파수 정보에 민감하게 만들고, 높은 주파수 정보의 처리는 억제한다는 것으로 해석할 수 있다.

우리 모두는 예전이나 지금이나 종류는 다르지만, 생존을 위협하는 환경 속에서 살아간다. 그리고 아주 짧은 순간에 위협 대상에 대한 평가로 도망갈 것인지, 싸워야 할 것인지 결정해야 하며 여기에는 대상에 대한 전체적인 파악, 즉 낮은 주파수 정보면 충분한 것이다. 다가오는 호랑이에 대해 표피의 문양을 보며, 시베리아 호랑이인지, 벵갈 호랑이 종인지의 자세한 시각 정보에 대한 처리가 왜 필요하겠는가? 위협적인 대상에 대한 신속한 공포 경험이 대상에 대한 어떤 처리는 촉진하고, 다른 측면에 대한 처리는 억제하는 것이다. 공포의 처리 기제를 알면 공포도 우리의 소중한 정서 경험의 하나가 되는 것일까? 공포 중에 떨어지는 기제까지도 이해할 수 있을 때를 기대해 본다.

학습과학: 우리는 어떻게 배우는가?

배우고 가르치기의 과정

| 공부: 학문이나 기술을 배우고 익힘

학생들과 이런저런 대화를 하다 헤어질 때면, 필자가 나 자신도 모르게 하는 말이 있다. "자, 그럼 공부 열심히 하고" 아마 아직 학생인 독자라면, 이 말은 부모님을 포함 주변 어른들에게서 늘 듣는, 어찌 생각하면 지겨운 그리고 아무 의미도 없는 의례적인 인사일 수도 있을 것이다. 실제로 이 말에 "그래 공부 열심히 해야지"라고 결심하는 학생들도 없을 테니 말이다. 그런데 과연 공부가 무엇일까? 어떻게 하는 게 열심히 하는 것일까? 열심히 잘했다면, 공부한 것이 어떻게 드러나는 것일까? 이런 의문들을 떠올리니, 필자 자신도 잠시 멍해지는 느낌을 지울 수 없다.

공부란 무엇일까?

국어사전에서부터 시작해 보자. "공부(工夫) [명사] 학문이나 기술을 배우고 익힘. 유의어: 글 공부, 면학, 수학." 그리고 속담 하나도 찾았다. "논 자취는 없어도 공부한 공은 남는다. - 놀지 않고 힘써 공부하면 훗날 그 공적이 반드시 드러날 것이니 아무쪼록 공부에 힘쓰라는 말." 이 정의와 속담의 핵심 단어는 배우고, 익힘, 그리고 그 흔적(애쓴 보람, 즉 공적)의 세 단어이다. 배우고 익힘은 학습(學習)이라는 단어로 대체할 수 있으며, 흔적은 학습의 결과물, 즉 기억(記憶)이라고 대신할 수 있다.

과학으로서의 심리학이 출발하며 가장 먼저 잡은 주제가 인간을 포함한 유기체의 학습이라고 해도 과언은 아닐 것이다. 태어날 때부터 가져온 생물학적인 경향성을 벗어나, 환경과 상호작용을 하며 새롭게 습득하는 것이 학습이며, 어찌 보면 이것이 유기체의 생존에 필수적인 마음의 작용이기 때문이다. 더구나 학습을 "환경과의 상호작용 결과로 얻어진 행동의 지속적인 변화"라고 아주 포괄적인 정의를 내린 후, 그 밑바탕이 되는 근본 원리를 찾으려는 야심찬 시도를 한 것이다. 파블로프 조작적 조건형성(42쪽)이 바로 그 원리이다. 이 원리에 따르며 학습으로 남게 된 흔적은 '자극과 자극' 그리고 '행동과 결과'의 연결이다.

앞서 다룬 공부라는 단어에 이 원리가 충분할까? 독자들도 아마 부족함을 느낄 것이다. 사물과 사물 간의 관계, 혹은 개념과 개념 간의 관련성을 이해하고 배우는 것이 공부일 수 있기 때문이다. 그리고 이렇게 생각한다면, 이해하고 지식을 기억의 흔적으로 갖게 되는 과정을 탐구해야 되며, 실제로 1950년대 이후 인지과학 탐구에서 가장 많이 다룬 주제의 하나가 바로 지식과 기억이라고 할 수 있다.

수많은 인지심리학, 신경과학 실험들과 교육과 학습 현장에서의 탐구를 통해, 배우고 익히는 과정에 영향을 끼치는 중요한 요인들을 찾아냈다. 그리고 그 요인이 어떻게 작용하여 기억과 지식을 만들어내는가를 이해할 수 있게 되었다. 나아가 배우고 익히는 과정에 대한 새로운 이론과 모형을 만들며 과학적 검증을 하는 성숙한 과학적 탐구가 가능하게 되었다. 심리학이나 사회학과 같이 '학습이라는 주제를 탐구하는 독립적인 학문 분야' 학습과학(Science of Learning)이 탄생한 것이다. 요새 유행하는 용어를 쓰자면 학습 현상을 탐구하는 새로운 융합과학이 만들어진 것이다. 이 용어가 종종 과학을 어떻게 학습해야 되는지 탐구하는 분야를 의미하기도 하므로 구별이 필요하다.

학습과학의 가장 매력적인 점은 우리가 어떻게 공부해야 하는지, 즉 열심히 공부한다는 것 혹은 효율적이며 기억에 남고 활용되는 공부 방법이 무엇인가를 그릴 수 있게 한다는 것이다. 그리고 동전의 한 면이 '배우기'라면 다른 면이 '가르치기'가 되기에 이에 대한 지침도 제공할 수 있다. 그럼 학습과학이 제공하는 배우기와 가르치기의 세계로 들어가기 전에, 독자들은 자신의 과거 학습 방법과 자신이 가르침을 받았던 방법을 일단 회고해 보기 바란다.

| 동전의 한 면이 '배우기'라면 다른 면은 '가르치기'다.

배우기와 가르치기의 세계

진정한 의미의 학습을 통해 깊이 있는 지식을 배우는 방법 (인지과학의 발견들)	전통적인 학교 수업에서의 방법
학습자들은, 자신의 사전 지식과 경험에 새로운 아이디어와 개념들을 연결시켜야 한다.	학습자들은, 수업자료들이 자신들이 이미 알고 있는 것과는 관련이 없는 것으로 여긴다.
학습자들은, 자신의 지식들을 서로 관련된 개념적 체계로 통합해야 한다.	학습자들은, 수업자료들이 서로 관련이 없는 단편적인 지식으로 여긴다.
학습자들은, 밑바탕이 되는 원리나 패턴을 찾아야 한다.	학습자는, '왜', '어떻게' 같은 이해 없이 사실들을 암기하거나 절차를 수행한다.
학습자들은 새로운 아이디어를 평가하고 결론 도출에 연결해야 한다.	학습자들은, 교과서에서 접했던 내용과 다른 새로운 아이디어를 이해하는 데 어려워한다.
학습자들은, 일종의 소통과 대화를 통해 지식이 만들어지는 것이라는 그 과정을 이해해야 하며, 어떤 주장의 논리적 근거를 비판적으로 검사해야 한다.	학습자들은, 사실과 절차들이 고정된, 즉 모든 것을 다 아는 전문가들로부터 나온 것으로 여긴다.
학습자들은 자기 자신의 이해 과정과 학습 과정에 대해 곰곰이 생각하고 반성해야 한다.	학습자들은, 공부의 목적이나, 자신의 학습 전략은 생각하지도 않고 암기만 한다.

| 진정한 의미의 배우기와 가르치기(왼쪽), 전통적인 학교 수업 방법 (오른쪽)

아마도 여러분은 표의 오른쪽 '전통적인 학교 수업 방법'에 의해 공부하고, 또한 가르침을 받았을지 모르겠다. 19세기 후반에서야 소위 말하는 대중 교육이 시작되었다고 한다. 그런데 심리학자 소이어(Sawyer)는, 당시에는 '사람들이 어떻게 학습하는가'에 관한 과학적 지식이 없었기에 잘못된 그리고 과학적으로 검증되지 않은 가정에 근거했다고 한다.

첫째, 세상에 관한 사실과 문제를 푸는 절차의 집합이 지식이라고 여겼다. 예를 들어 "지구는 수직축에서 23.45도 기울어져 있다"는 사실과 "곱셈을 하기 위해서 따라 해야 하는 정해진 절차"를 학습하여 지식을 획득한다고 가정했다.

둘째로, 학교 교육의 목표는 바로 이러한 사실과 절차를 학생들의 머릿속에 집어넣는 것이며, 교사의 역할은 전달자라고 가정했다.

셋째로, 교사나 혹은 전문가가 타당하다고 여기는 단순한 사실이나 절차에서 시작하여 점점 더 복잡한 것으로 진행하는 것이 소위 말하는 교육 과정이다. 학습자들이 실제로 어떻게 배우고 있는가, 어떤 상태에 있는가는 고려하지 않았다.

넷째로, 학교 수업의 성공 여부는 이러한 사실이나 절차를 얼마나 많이 획득했는가를 검사하여 결정했다.

독자들도 이 네 가정이 바로 지금까지의 학교 수업의 바탕이었다는 것을 쉽게 이해할 수 있을 것이며, 동시에 이 가정들이 문제가 있다는 것을 깨달을 수도 있을 것이다. 소위 말하는 현재와 같은 지식 경제에서는 사실과 절차의 암기만으로는 성공을 보장할 수 없다. 현상과 복잡한 개념에 관한 깊이 있는 이해를 바탕으로 새로운 아이디어나 지식을 창의적으로 생성해 낼 수 있어야 하기 때문이다.

깊이 있는 개념적 이해가 중요

최근에 성인이 된 필자의 딸이 엄마 생일에 미역국을 끓이는 것을 보았다. 누구도 가르쳐 준 적이 없는데도 사실 놀라운 일은 아니다.

IT 환경이 어떤 사실과 절차도 다 알려 주지 않는가. 오히려 필요한 것은 이 사실과 절차들이 어떤 상황에 적용될 수 있으며, 새로운 상황에서는 어떻게 수정되어야 하는가를 아는, 그야말로 깊이 있는 개념적 이해가 중요한 것이다. 사실 전문가라는 사람들이 갖고 있는 지식이 바로 이런 종류의 지식이라는 것이 인지과학의 발견이다.

앞의 표에 왼쪽에 이러한 인지과학의 연구 결과와 '진정한 의미의 배우기와 가르치기'를 정리해 놓았다. 이미 가지고 있는 지식을 바탕으로 새로운 배움이 일어나야 하고, 단편적인 나열이 아닌 잘 정리된 체제를 갖추어야 하며, 인과적인 원리나 현상의 규칙성을 꿰뚫을 수 있어야 하고, 새로운 아이디어를 비판적으로 평가하고 수용할 수 있도록 학습해야 한다. 그리고 능동적이고 반성적인 학습자로서, 자신의 배우기 과정과 사고에 대해 점검할 수 있어야 한다.

이 책에서 언급한 내용을 하나씩 자세히 살펴볼 것이다. 학습과학의 중요 연구 결과들을 우선 이해하고, 이를 자신의 학습 과정에 적용해 보자. 이제는 배우고 가르치는 것이 학생들과 교사들만의 작업이 아닌, 우리 모두의 일상생활의 한 부분인 평생 학습 사회니 말이다. 사실 배우고 가르치는 것만큼 즐거움과 보람을 주는 것도 흔치 않은 법이다.

배움과 가르침의 시작, 이미 알고 있는 것과 연결시키기

지식효과

| 깊은 이해와 기억을 위해서는 우리가 갖고 있는 지식(사전 배경 지식)과의 연결이 필수적이다.

우선 다음 글을 읽어 보길 바란다.

> 만약 풍선이 갑자기 튀어 올라가면 소리를 운반할 수 없을 것인데, 모든 것이 알맞은 층에서 멀리 떨어지게 되기 때문이다. 닫힌 창문도 소리의 운반을 막을 것인데, 왜냐하면 대부분의 건물은 방음이 잘 되어 있기 때문이다. 모든 작동이 전류의 안정적인 흐름에 의존하는 것이기에 전선의 중간이 잘리면 문제를 일으킬 수 있다. 물론 그 사람이 소리를 지를 수도 있지만, 인간의 목소리는 그렇게 멀리 갈 수 있을 만큼 크지 않다. 줄이 장치를 고장 나게 할 수 있는 부가적인 문제도 있다. 그러면 내용에 반주가 없게 된다. 거리가 짧은 게 최상의 상황이라는 것은 확실하다. 그러면 훨씬 잠재적인 문제가 적어질 것이다. 면 대 면의 만남이라면 잘못될 것들이 최소가 될 것이다.

다 읽었으면 이 문단을 가리고, 읽은 내용을 가능한 한 많이 기억해 적어보자. 기억할 수 있는 것을 모두 적었으면 전체 내용에서 몇 개 정도의 문장에 해당하는 내용을 기억해 냈는지 대략 계산해 보기 바란다. 아마도 독자들은 기껏해야 네댓 개 정도의 문장을 기억했을 것이다. 물론 너무 실망하지 말도록. 대부분의 다른 사람들도 마찬가지니. 내용을 기억해내기는커녕, 무슨 말인지 이해하기조차 어려운 게 사실이다.

그럼 이번에는 이 글의 마지막에 있는 그림(209쪽)을 잘 살펴보기 바란다. 어떤 남자가 건물 꼭대기 층 창가에 있는 여자에게 사랑의 세레나데를 아주 특별한 방식으로, 스피커를 풍선에 매달아 띄어 올려 사랑 고백을 하는 상황을 묘사하는 그림이다. 그럼 이제 다시 위의 문단을 읽어 보자. 다 읽었으면 이 문단을 가리고, 읽은 내용을 다시 가능한 한 많이 기억해 적어보자. 이번에는 아마도 앞보다는 훨씬 많은 내용을 기억해 냈을 것이다.

독자들도 아마 이 실습의 의미를 알아 챘을 것이다. 왜 두 번째에는 훨씬 많은 내용을 기억할 수 있었을까? 물론 두 번이나 읽었기에 그렇기도 하겠지만, 더 중요한 이유는 위 단락의 각 문장이 어떤 상황을 지칭하고 있는지 그림을 보며 이해할 수 있게 된 것이기 때문일 것이다. 더구나 이제는 각 문장이 서로 어떻게 연관되는지도 이해할 수 있게 되어, 글이 묘사하는 내용을 머릿속에 깨끗하게 그릴 수 있을 것이다. 인지과학의 용어로 표현하자면, 여러분은 "응집성 있는 심성 표상(coherent mental representation)"을 형성하게 된 것이다.

이 기발한 실험은 심리학자인 브랜스포드와 존슨이 수행한 것으로, 깊은 이해와 기억, 즉 학습은 우리가 갖고 있는 지식(사전 배경 지식)과의 연결이 필수적인 것이라는 점을 보여주기 위한 것이다. 일부러 글의 내용을 돌려 표현하고 추상적으로 서술하여 피험자들로 하여금 글 이해와 기억에 필요한 배경 지식을 동원하는 것이 어렵도록 문단을 만든 것이다.

아마 독자들도 이런 경험을 한 적이 있을 것이다. 필자는 예전에 외국 소설가 움베르트 에코의 『장미의 이름』이란 소설을 읽으며, 왠지 깨끗이 이해되지 못하는 것 같은 찜찜함을 떨칠 수가 없었다. 이 소설의 배경은 중세 수도원으로, 여기서 수도승들이 죽어가는 이유를 찾아가는 내용인데, 중세와 수도원 등에 관한 배경 지식이 약한 필자로서는 소설에서 기술하는 건물의 구조나 방에 대한 기술이 어떻게 생졌는지 머릿속에 그릴 수 없었기 때문일 것이다. 하지만 그렇지 않은 경우도 있다. 박경리의 『토지』를 읽으면서는 한옥의 생김새, 부엌의 배열 등등 마치 나 자신이 그 상황에 있는 것처럼 생생하게 경험하며 글을 읽을 수 있었다. 왜냐하면, 필자 자신이 그런 환경에서 살아왔기 때문이다. 최근에는 『해리 포터』를 읽으며 호그와트 학교의 모습과 배열 등이 머릿속에 쉽게 그려지지 않았는데, 나중에 본 영화가 그나마 도움이 되었다.

지식효과

사람의 마음 작용에 영향을 끼치는 가장 강력한 요인을 하나 들라고 하면, 필자는 주저 없이 우리가 갖고 있는 배경 지식이라고 말할 것이다. 우리가 세상을 지각하고, 주의를 기울이며, 기억하고, 심지어 추리하고 의사 결정하는 모든 과정에 우리의 배경지식이 때로는 암묵적으로 때로는 의도적으로 작용하는 것이다. 지금까지 다룬 내용, 즉 여러분이 이 책에서 읽어왔던 내용을 바탕으로 여러분이 배웠던 지식을 위의 말에 연결시켜 보자. 같은 물리적 밝기인데도 그림자 쪽에 있는 부분이 더 어둡게 보이는 착시 현상(인간의 지각-세상을 보고 해석하기)(35쪽)이 대표적인 예이다.

배우고 가르치기의 출발은 이미 알고 있는 것과 연결 짓기

이렇듯 모든 인지 활동에 사전 배경 지식이 중요하기에, 가르치고 배우기 과정의 출발은 바로 이 지식을 점검하는 데서 시작해야 할 것이다. 즉 충분하고 적절한 배경 지식을 활성화시켜 새로운 정보를 제공해야 학습이 일어날 수 있으며, 불완전하거나 적절하지 않은 지식이 활성화되거나 혹은 아예 배경 지식이 활성화되지 않은 상태에서 학습은, 위의 실습 예에서 보여준 것처럼, 이해도 어렵고 기억에 남을 수도 없다. 적절하게 활성화된 지식이 입력되는 정보를 선택하고 정리하는 역할을 하며, 기억 용량의 한계를 극복할 수 있게 한다.

| 충분한 그리고 적절한 배경 지식을 활성화시켜 새로운 정보를 제공해야 학습이 일어날 수 있다.

필자는 '인지심리학' 과목 강의 전 수강생들이 최소 '심리학개론'을 이수했는지 확인하고, 그렇지 않은 학생들은 나중에 수강하도록 권장한다. 개론이라는 배경 지식이 필요하기 때문이다. 하지만 학습자들 스스로 자신의 배경 지식을 자발적으로 동원해주기를 바라는 것은 무리일 수 있다. 인지심리학 수강 전에 심리학개론에서 배운 인지심리학 관련 용어나 개념을 복습하며 준비하는 학생이 흔치 않을 것이기 때문이다. 물론 그렇게 해주는 능동적인 학습자가 있다면 가르치는 강사로서는 더 바랄 바가 없지만 말이다.

가르치는 입장에서 할 수 있는 전략의 하나는 강의나 수업 전에 배경지식을 탐사(background knowledge probe)해 보는 것이다. 한두 개의 주관식 문제 혹은 기본 용어나 개념에 관한 설명식 퀴즈를 주고 수강생들에게 한두 문장으로 간략히 대답하게 한다. 물론 이 퀴즈의 목적은 배경지식의 확인이며 점수를 주어 평가하려는 것이 아님을 숙지해야 할 것이고, 학습 과정을 도우려는 목적임을 분명히 해야 할 것이다. 가르치는 입장에서는 수강생이 얼마나 많이 그리고 정확한 배경 지식을 갖고 있는가를 평가할 수 있는 기회를 갖는 것이며, 그 정도를 수강생들과 공유하며, 학습의 목표나 방향을 설정할 수도 있을 것이다.

배우는 입장에서 사용할 수 있는 방법도 있다. '기억과정 - 공부한 내용의 기억'에선 언급했던 'PQ5R' 공부 방법(51쪽)의 첫째 '훑어보기'와 둘째 '질문하기'가 바로 이 배경 지식을 동원하는 전략이다. 훑어보며 의문을 만들어내는 과정이 바로 여러분의 배경 지식과 교과서 정보가 적극적으로 상호작용하도록 만드는 것이라고 할 수 있다.

또 한 가지 방법은 배워야 할 내용, 즉 개념에 관해 스스로 평가를 해보는 것이다. 보통 교과서의 한 장 끝에는 그 장에서 중요한 그리고 여러분이 알아야 될 주요 개념을 목록으로 정리해 놓는다. 그 장을 읽기 전에 각 용어와 개념을 보고, "그 용어를 생전 처음 접했는지(0점)", "그 용어를 들어 보거나 접한 적은 있는지(1점)", "그 용어를 정의 내릴 수 있는지(2점)" 혹은 "그 용어를 다른 사람에게 설명해 줄 수 있는지(3점)" 아니면, "그 용어가 적용되는 현상을 예로 들 수 있는지(4점)" 등을 검토하며 점수를 매기면 된다. 모든 용어에 대한 총점이 여러분의 배경 지식이 될 것이다. 혹은 "왜 이 용어는 처음 접하는지, 정말 용어와 관련되어 알고 있는 것이 전혀 없는지"를 돌이켜 생각해 볼 수도 있을 것이다. 그러면 오히려 용어와 관련된 지식을 끄집어낼 수도 있을 것이다.

"빈 공책에 빼곡히 노트 필기하는 것이 학습이 아니며, 오히려 낙서처럼 여러 내용이 쓰여 있는 공책의 내용(사전 배경지식)을 새로운 정보와 관련지으며 다시 정리하는 것이 학습이다."라는 말을 염두에 두고 공부를 시작해 보자.

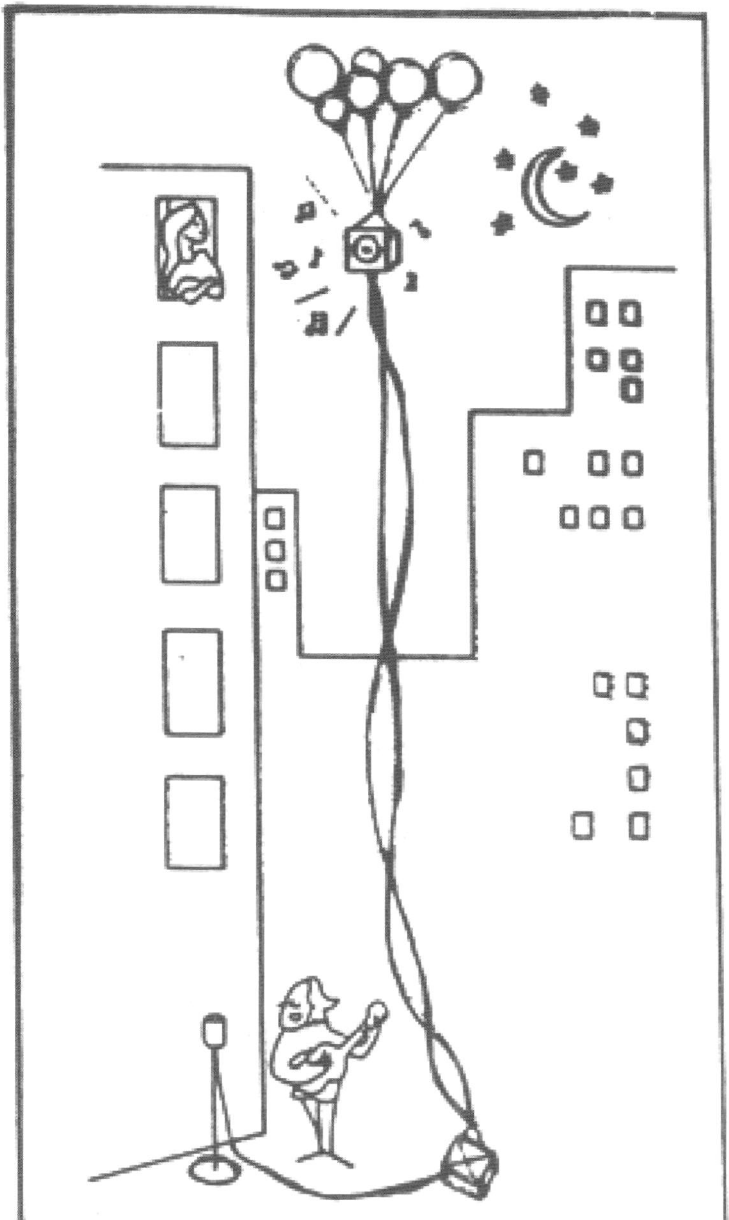

브랜스포드와 존슨의 실험

체계적으로 정리하여 집어넣고 꺼내기

기억술의 비밀

| 기억술을 실천해보려면 우선 머릿속에 생생하게 심상을 그릴 수 있는 일련의 장면을 가져야 한다.

필자는 기억에 관한 강의 후에, 비록 능숙하지는 못하지만, 따로 시간을 내 기억술 시범을 수업시간에 보여주려고 노력한다. 기억에 관한 과학적인 연구 결과들이 실제 우리의 기억에 적용될 수 있다는 것을 보여주기 위해서이기도 하고 또한 기억술의 실제 예를 통해 기억에 관한 이해를 새롭게 할 수 있기 때문이다. 대략 다음과 같이 진행되니 독자들도 동참해 보자.

> "자 이제부터 기억술 시범을 보여주겠습니다. (학생들이 다소 술렁댄다. 의외라는, 재미있다는, 믿을 수가 없다는). 잠시 준비하겠습니다. (필자는 몇 분 동안 벽이나 창문을 쳐다본다). 그럼 여기 맨 왼쪽 첫째 줄에 앉아 있는 학생부터 뒤로 하나씩 생각나는 물건이나 단어를 말해주십시오. (첫 단어를 말하면 필자는 잠시 고개를 끄떡인 후, '다음'이란 말로 다음 단어를 들어가며 계속한다). (연필, 공룡, 컴퓨터, 시계, 자동차, 김밥 등등…… 이렇게 해서 단어들이 이십여 개 정도 되면) 더할 수도 있지만, 시간 관계상 그만하겠습니다. 자 그럼 잠시 제가 시간을 갖겠습니다. (1~2분 정도 교탁을 왔다갔다 한 후). 이제부터는 어느 학생이 어떤 단어를 말했는지 맞추도록 하겠습니다. (강의실의 다른 쪽에 앉아 있는 학생에게, 단어를 말했던 학생 중의 한 명을 마음대로 지적하도록 한다. 그러면 필자는 잠시 뜸을 들인 후, 그 학생이 말했던 단어를 말한다) '김밥'이었지요? (그리고 무선적인 순서로 나머지 스무 명의 단어를 모두 기억해 낸다). 어떻습니까? (학생들 박수, 짝짝짝)"

기억술의 기제

독자들도 이 시범을 이해했을 것이다. 사실 필자는 사전 준비만 충실이 하면, 서른 개 혹은 그 이상의 단어도 기억해 내는 것이 가능하다. 하지만 실제 수업 시간에는 의도적으로 즉흥적 시범을 보이고 그러기에 실수도 하고 틀리기도 한다. 필자가 뛰어난 기억술을 갖고 있다는 과시를 하려는 것이 아니라, 기억술의 기제를 설명하는 것이 더 중요하기 때문이다.

필자가 사용한 방법을 설명하자. 우선 필요한 것은 눈을 감거나, 혹은 뜨고 있어도 머릿속에서 생생하게 심상(이미지)을 그릴 수 있는 서른 개 정도의 일련의 장면을 가져야 한다.

필자가 사용하는 장면은 거의 십여 년을 살아온 필자의 아파트 집으로 "아파트 문 오른쪽에는 누런 손잡이(1)가 있고, 안으로 들어가면, 신발장(2)과, 가운데 거울이 있는 서랍(3)이, 있고, 바로 현관 앞에는 화장실(4)이, 있고 그 옆에는 딸아이 방(5)이 있고, 이어서 거실에는 고동색 소파(6)가 있고, 그 앞에는 탁자(7)가 있으며, 그 앞 벽에는 TV(8)가 있고, 거실 오른쪽에는 식탁(9)이 있고, 그 뒤에는 냉장고(10)가 있고 등등…" 즉 이런 식으로 머릿속에서 생생하게 그릴 수 있는 구체적인 장면 혹은 장소를 준비하는 것이다. 그리고 한 가지 더해야 하는 작업은 순서(번호)에 따라 즉각적으로 그 장면을 머릿속에 떠올릴 수 있어야 한다. "다섯 번째" 하면 즉시 "딸아이 방"을 떠올리고 그 이미지를 그릴 수 있어야 한다. 서른 개의 장소에 대해 모두 반복 연습해 어떤 번호에 대해서도 능숙하게 할 수 있도록 훈련해 놔야 한다. 물론 굳이 자기 집이 아니더라도 어느 장면이나 장소라도 괜찮다. 여러분이 능숙하게 조작하고 신속히 접근할 수 있으면 된다. 그리고 이 수준은 비교적 쉽게 도달할 수 있다. 독자들도 이미 무수히 경험을 한 기억 흔적을 갖고 있기 때문이다.

외워야 할 단어들을 앞서 얘기했던 일련의 이미지에 연결시키는 두 번째 단계가 아주 중요하다. 예를 들어 첫 단어, '연필'을 첫 이미지인 '문고리'와 연결시켜야 한다. 어떻게 할까? "요사이 아파트에는 광고물이 많이 배달되는데, 최근 새로 시작한 XX 학습지 회사에서 홍보물과 선물로 하늘색 '연필' 두 자루를 비닐 봉투에 넣어 손잡이에 걸어 놓은 모습"을 머릿속에 그린다. 두 번째 '공룡'은 "필자의 아들이 학교에 가져가려던 티라노사우루스 공룡 인형을 깜박 '신발장'에 놓고 간 장면을 그린다. 그리고 이런 방식으로 다른 단어들도 가능한 현실적이며, 집의 장소와 외워야 할 물건을 의미 있게 연결시킬 수 있는 생생한 이미지를 만들어 가면 된다.

이런 식의 생생한 이미지 연결이 완성되면, 나중에 외워야 할 장소로 이동하면 된다. 한 학생이 말했던 단어를 기억해 내려면, 속으로 그 학생이 몇 번째인지 세어보고, 그 번호에 해당하는 집의 심상을 떠올리면 된다. 예를 들어 두 번째 학생이 말했던 단어 '공룡'을 기억해내려면, 아파트의 두 번째 장소 '신발장'을 머릿속에 떠올리고, 이때 이 장소에 생생하게 연결시켜 놓았던 이미지 '신발장에 놓고 간 공룡 인형'이 자연스럽게 떠올라올 것이다. 독자들도 필자의 요지를 파악했을 것이다.

장소법

여러 기억술의 하나인 이 기억 기법은 장소법(Method of Loci)이라고 불리며, 이미 고대 그리스 시대부터 알려졌던 방법이라고 한다. 시모니데스(Simonides)라는 시인이 연회에서 강연하다가 잠시 나간 사이, 지붕 천장이 무너져, 청중이 얼굴을 알아볼 수 없을 정도로 처참하게 죽었다고 한다. 그런데 시모니데스가 청중이 앉았던 위치를 머릿속에 떠올리며, 각 시신이 누구인가를 모두 구별해 냈다고 하며 바로 여기에서 이 기억법이 나온 것이란다.

장소법이 효율적인 기억법이라는 사실에 만족하지 말고, '왜' 이 기법이 기억을 잘하게 하는 것인지 그 이유를 생각해 보자. 인간 기억의 어떤 특성을 잘 활용한 것인지, 혹은 기억을 잘하게 하는 일반적인 원리를 끄집어낼 수 있는지 생각해 보자는 말이다. 한 100여 개 정도의 이미지를 사용할 수 있도록 몇 년간 훈련한 후 TV에 출연하는 것이 목표가 아니라면, 사실 이 장소법을 실제 사용하게 되는 경우는 거의 없다고 할 수 있다.

첫 번째 요인은 이미지, 즉 심상의 사용이다. 한때 인지과학자들 사이에 치열한 논쟁이 있었지만, 이제는 우리 인간의 기억이 기본적으로 '의미와 심상'이라는 두 부호로 이루어진다는 점에 대부분의 학자들이 동의한다. 나아가 이 심상은 학습과 기억뿐만 아니라, 추리, 문제 해결, 판단, 유추, 창의성 같은 우리의 모든 사고 과정에 아주 중요한 역할을 하는 것으로 알려져 있다. 이 주제는 차후에 다시 다루기로 하겠다.

| 도서관 사서가 귀찮다고, 새로 들어온 책을 정리하지 않고, 그냥 아무 서가에나 꽂아 놓으며, 나중에는 그 사람뿐만 아니라 누구도 찾을 수 없는 책이 되고 만다.

체제화의 원리

두 번째의 중요한 기억 원리는 "체계적인 정리(organization)"이다. 즉 체제화 혹은 조직화가 기억에 필수적이다. 앞서 예로 든 연필, 공룡, 컴퓨터, 시계, 자동차, 김밥 등등은 서로 의미상으로 관련도 없기에 정리할 방법이 없다. 그러기에 이미 순서대로 잘 정리된 틀에 이 단어들을 집어넣은 것이라고 할 수 있으며, 말하자면 무질서에 질서를 부여한 것이다. 잘 정리되어 언제나 쉽게 끄집어낼 수 있는 서랍에 한 단어씩

집어넣은 것이 된다.

체제화는 우리의 보통 공부, 즉 학습에서도 필수적이다. 여러분이 심리학 개론서의 한 장을 공부했다고 하자. 한 장에는 수십여 개의 새로운 용어나 개념 혹은 설명이 들어 있다. 이 수많은 내용을 체계적으로 정리하여 머릿속에 넣지 않으면서, 기억해 내기를 바라는 것은 도둑놈 심보라고 할 수 있다. 그런데 안타깝게도 주변 학생들의 공부 방법을 보면, 이런 경우가 비일비재하다. 도서관 사서가 귀찮다고, 새로 들어온 책을 정리하지 않고, 즉 도서 분류기호를 붙여 정해진 서가에 위치시키지 않고, 그냥 아무 서가에나 꽂아 놓으며, 나중에는 그 사람뿐만 아니라 누구도 찾을 수 없는 책이 되고 마는 것이다. 도서관에 있는 모든 책을 뒤지지 않는 한. 인지심리학의 전문 용어를 쓰면, 체계적인 부호화(encoding)가 인출(retrieval)을 돕는 것이며, 인출의 실패가 망각의 원인인 것이다.

그런데 위의 장소법에서 예로 들었던 단어들에 비해, 교과서의 한 장에서 읽은 내용들은 훨씬 체계적으로 정리하기가 쉽다고 할 수 있다. 왜냐하면, 서로 관련되는 개념이나 내용이기에 함께 한 장에 들어간 것이기 때문이다. 즉 서로 어떤 방식으로든 관련성을 뽑아낼 수 있다.

가르치는 입장에서 할 수 있는 전략의 하나는, 수업 전에 그리고 강의 중에 구체적인 내용이 전체적인 큰 틀에 어디에 포함되는 것인지늘 학생들에게 상기시키는 것이다. 가장 상위가 되는 서너 개의 핵심적인 주제는 무엇인지, 이 주제가 다시 어떻게 나눠지고, 여러 세부적인 내용들이 이 틀에 어떻게 정리되는가를 설명해야 하고, 또 학생들이 이 틀을 성공적으로 만들고 있는가를 확인해야 할 것이다. 아예, 이 위계적인 틀을 수업 내내 제시하며 매번 지금 설명하는 내용이 어디에 포함되는가를 강조할 수도 있을 것이다. 그리고 단편적인 내용보다는 이 상위의 관련성을 파악하는 시험 문제를 출제해 학생들로 하여금 능동적으로 미리 준비하도록 할 수 있을 것이다.

배우는 입장에서 사용할 수 있는 방법도 있다. '기억과정 - 공부한 내용의 기억'에서(51쪽) 언급한 것처럼, 한 장의 내용이 어떻게 조직, 구성되었는지 파악하고, 머릿속에 기본적인 틀로 만들어 놓으면 된다. 아예, 공책 처음에, 한 장의 단락 제목, 단락 내의 각 문단의 소제목, 각 문단에 포함된 주요 용어들(보통 고딕체나 진한 폰트로 표시하는)을 적어 놓을 수도 있다. 그리고 수시로 각 개별 내용이 어디에 포함되는지 확인하면서 공부하면 된다. 워드프로세서로 이러한 작업을 해도 될 것이다.

또 한 가지 할 수 있는 방법은 소위 말하는 개념도(concept map)를 만들어 보는 것이다. 교과서의 한 장에서 다루어지는 주요 용어들이나 내용들이 서로 어떻게 관련되는지 다음에 제시되어 있는 것처럼 지도로 그려 보는 것이다. 다음 예는 필자가 학습심리학에서 기본 기제로서 조건형성이 어떤 중요성을 갖는지에 관한 내용을 정리해 놓은 것이다. 네모 상자 안에 포함시킨 것은 용어나 주요 내용을 요약한 일종의 개념이라고 할 수 있으며, 화살표는 그 개념 간의 관련성을 술어(동사나 형용사)로 표현한 것이다. 백지에 읽은 내용을 연필로 정리해도 되고, 이 작업에 도움이 되는 상용 혹은 무료 소프트웨어를 사용해도 될 것이다. 한 가지 주의 말씀. 프로그램을 사라는 말이 아니다. 중요한 것은 프로그램이 아니라 정리하는 과정 혹은 작업이다. 대부분의 상황에서 종이와 연필만으로도 충분하다.

배운 내용을, 즉 '학'한 것을 '습'하는 첫 과정이 체계적 정리라는 말을 염두에 두고 공부하도록 하자.

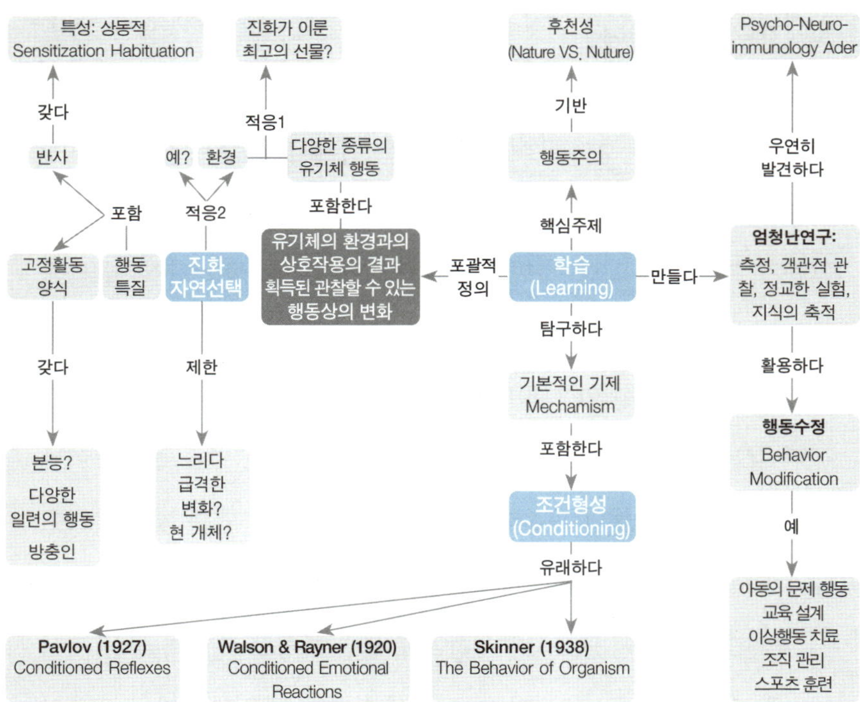

개념도의 예

PART
04

사려 깊은 연습을 통한 숙달

전문가와 초보자

| 전문가, 그들은 어떤 특성을 가진 사람들일까?

'생활의 달인'이라는 프로그램을 보면, 야구 배트 만들기부터 명품 가방 구별해 내는 것까지 여러 직업의 세계에서 최고 경지를 이룬 많은 사람이 나온다. 그리고 그들이 보이는 행동에 감탄을 금할 수가 없다. 어떻게 저런 수준에 이를 수가 있었을까, 도대체 어떻게 뭘 했기에, 얼마나 많은 훈련과 연습을 했을까, 오랜 시간 동안 반복하다 보면 그렇게 될까 등등 여러 의문이 생길 것이다. 그런가 하면, 어떤 분야에 소위 말하는 전문가라는 사람이 나와 강연하는 것을 들어 보면, 관련 서적 몇 권 읽었는지 아니면 인터넷 검색으로 얻은 것인지, 내용도 없고 깊이도 없어 실망하는 경우가 적지 않다.

어떤 사람이 전문가일까? 전문성의 기본적인 특성은 무엇일까? 이 글에서는 전문가와 초보자의 차이, 전문가의 특성에 관한 심리학 연구 결과를 정리해보자. 전문성이라는 주제 자체는, 사고 과정과 문제 해결 과정에 시사를 주기에 심리학자들이 관심을 갖기도 하지만, '가르치고 배우기' 과정에도 커다란 시사를 준다. 심리학자 브랜스포드의 표현을 빌리자면, "성공적인 학습의 결과가 어떠해야 하는지"를 전문성에 관한 연구 결과가 보여주기 때문이다. 심리학자들은 전문가의 특성을 다음처럼 정리한다.

1. 전문가는 어떤 한 영역에 관해 굉장히 많은 지식을 습득해 갖고 있으며, 이 지식들이 체계적으로 잘 정리되어 있다. 그래서 그 주제를 깊게 이해하고 있다는 것을 보여준다.
2. 전문가는 초보자와는 달리 정보의 의미 있는 패턴이나 속성을 알아챌 수 있다.
3. 전문가의 지식은 단편적인 사실들의 집합이 아니며, 적용 가능한 맥락도 포함

한다. 즉 상황에 맞춰져 있다.
4. 전문가는 자신이 처음 접하는 새로운 문제 해결 상황에서도, 자신의 제한을 깨닫고 극복하기 위한 융통성을 발휘한다.

잘 정리된 지식

이 네 가지 중 전문가의 첫 번째의 특성에 대해서는 독자들도 쉽게 수긍이 갈 것이다. 필자가 앞에서 이미 설명한 '지식효과'(202쪽)와 '체계적인 정리'(210쪽)가 바로 전문가가 갖고 있는 지식의 특성이 되는 것이다. 어떻게 생각하면 당연하다. 잘 정리된 풍부한 지식을 갖지 않고 어떻게 전문가라고 하겠는가. 실제 물리학 전문가와 초보자(대학생)들에게 여러 물리학 문제들을 어떻게 접근하는지 살펴보면, 전문가들은 문제 해결에 적용되는 원리나 법칙을 언급하고, 왜 그 원리나 법칙들이 적용되어야 하는지 설명한다고 한다. 말하자면 전문가들의 지식은 물리학에서 가장 주된 생각이나 개념(예, 뉴턴의 제2법칙)을 중심으로 체계적인 정리가 되어 있음을 보여주는 것이다.

의미 있는 패턴을 읽어내기

서양장기의 대가, A급 선수, 초보자를 비교한 연구가 두 번째의 특성을 잘 보여준다. 이들 세 집단의 사람들에게 실제 체스가 진행 중인 체스판을 5초 동안 보도록 한 후, 판을 가리고 다른 판에 체스 말의 배열을 기억해 내라고(즉 복기하라고) 한다. 그리고 이 시행을 반복하면서 정확하게 기억해낸 말들의 수를 그래프로 나타낸 결과가 다음 그림에 제시되어 있다. 역시 장기 대가는 16개로, 8개인 A급 선수나 4개 기억해낸 초보자보다 월등하다. 그리고 대가는 거의 네 번째 만에 25개 전부를 기억해 낸다. 왜 대가라는 사람이 잘 기억해 낼 수 있었을까? 다음 실험이 힌트를 준다. 이번에는 실제 장기가 진행 중인 판이 아닌 무선적으로 말들을 배열한 장기판에 대해 같은 방식으로 실험했다. 어떤 결과가 나왔을까? 독자들도 예상했는지 모르겠다.

| 전문가와 초보자는 같은 체스판을 보고 있어도 전혀 다른 것을 읽고 있는 셈이다.

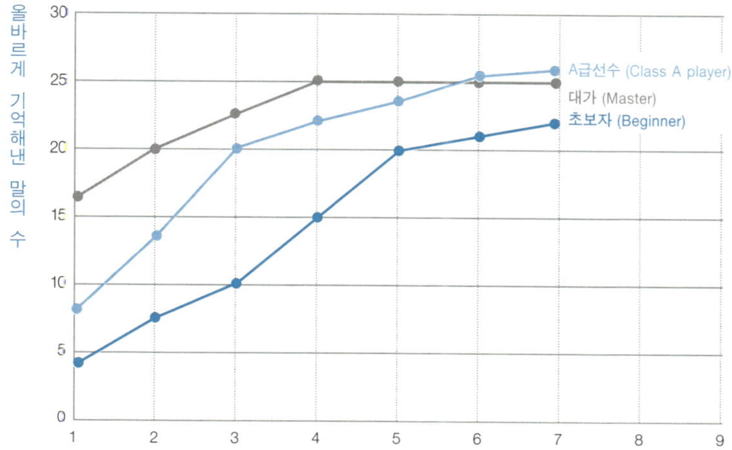

| 올바르게 기억해낸 말의 수(Pieces correctly recalled), 시행, 대가, A급 선수, 초보자

이번에는 대가, A급 선수, 초보자 모두 서너 개 정도의 말들만을 기억해 냈다. 왜 이런 차이가 나왔을까? 장기의 대가들은 실제 진행 중인 게임판에서는 현재 어떻게 공격이 진행되는지, 어떤 전략이 사용되고 있는지, 그리고 어떤 대응이 일어나는지와 같은 '의미 있는 패턴'을 읽어낸 것이고, 이를 말들의 배열에 대한 기억에 사용한 것이다. 물론 무선적인 게임판에서는 이러한 처리가 일어날 수 없기에, 전문가도 초보자와 같은 단기기억의 용량 한계에 떨어지고 만다. 전자 회로판, 방사선 사진, 컴퓨터 프로그램 등을 가지고 한 실험에서도 유사한 결과가 나온다고 한다. 말하자면, 전문가와 초보자는 같은 그림(정보)을 보고 있지만, 사실은 전혀 다른 것을 읽고 있는 셈이다.

상황에 맞는 지식

전문가의 세 번째 특징은 단순히 지식이 많다는 것뿐만 아니라, 특정한 맥락 혹은 과제에 적절한 지식을 인출하는데, 즉 끄집어내는 것에 능통하다는 것이다. 말하자면, 지식이 조건에 맞추어져 있는, 즉 유용한 맥락이 규정되어 있는 지식을 갖고 있다는 것이다. 서양장기 대가들이 말을 움직이는 과정을 보면, 초보자와 같이 주어진 상황에서 옮길 수 있는 모든 경우를 고려하는 것은 아니라고 한다. 단지 가장 최선의 선택이라고 할 수 있는, 즉 주어진 상황에 최적의 이동을 선택한다고 한다.

이렇게 유용한 맥락이나 과제에 맞추어지지 않은 초보자의 지식은 말하자면 터지지 않는 불발탄 지식, 즉 비활성화 지식이라고 할 수 있다. 실제로 학생들이 여러 물리학 공식을 암기하고 있는데도 각각이 적용되는 조건을 몰라 문제를 풀지 못하는 경우가 비일비재하다. 필자는 강의 중에 여러 이론이나 연구 결과를 설명하며, 이것들이 어떤 상황이나 문제에 적용될 수 있는지 거의 강박적으로 여러 예들을 들며 설명하려고 노력한다. 불발탄으로 떨어져 버릴 지식을 만들지 않으려고 하는 것이다.

| 공통적인 속성이 있는 과제 수행을 통해 진정한 전문성을 평가할 수 있다.

적응적인 전문성

전문가는 단순히 판에 박힌 기계적인 기술을 넘어서는, 더욱 적응적인, 즉 외적인 요구에 적응할 수 있는 융통성 있는 기술을 갖고 있다고 할 수 있다. TV 프로그램에서도, 달인에게 전혀 다른 상황에서 자신의 전문성을 보일 수 있는 도전 과제를 주고 이에 대한 성공 여부로 진정한 달인으로 인정하는 것을 보았을 것이다. 즉 현재 통달한 과제를 넘어서는, 그러면서도 공통적인 속성이 있는 과제 수행을 통해 진정한 전문성을 평가할 수 있기 때문일 것이다.

"링컨에 관한 그리고 그의 노예 제도에 관한 문헌"을 읽고 이를 해석하는 작업을, 링컨 연구 전문가와, 전공이 다른 역사학자(예를 들어 중국사 전공)와, 고등학교 역사교사가 될 사람들에게 시키고 비교한 연구가 있다. 물론 링컨 전공자가 링컨에 관한 풍부하고 자세한 지식으로 쉽게 해석하는 작업을 했다. 관심은 전공이 다른 역사학자로, 이들은 처음에는 초보 교사와 마찬가지로 상충되는 세부적인 내용에 혼란스러워했다고 한다. 하지만 이들은 처음 내린 해석의 문제점을 다시 검토하고, 상충되는 것들을 해소하기 위한 자료 검토와 검색을 시도했다고 한다. 그리고 마침내 링컨 전공자와 같은 해석의 틀을 만들어 냈다고 한다. 반면 초보 교사들은 처음 해석의 수준을 넘어 이 수준에까지 도달하지 못했다고 한다.

현재 지식이 부족한 링컨에 관한 문제에서는, 자신의 역사 전문성이 적용되지 않았지만, 자신의 현 수준의 이해 정도를 점검하고, 부족한 부분을 보완하며 문제를 해결하는 적응적인 전문성이 이 중국사 전공자에게서 나타난 것이다. 이러한 특성은 자신의 이해와 인지 과정을 점검하고, 이에 대한 적응적인 제어를 시도하는 우리의 '메타인지' 기능이라고 할 수 있다. 또 다른 지적 능력인 메타인지에 대한 자세한 논의(232쪽)는 다음 기회로 미룬다.

사려 깊은 훈련

그러면 어떻게 위에서 얘기한 수준의 전문성에 도달할 것인가를 생각해보자. 우리는 보통 한 분야에서 전문성을 갖추는 데 적어도 10여 년의 경험이 필요하다고 얘기한다. 하지만 정말 세월이 전문가를 만들어 주는 것일까? 골프를 시작한 지 10년 넘은 사람이 한두 명이 아닐 텐데, 이들을 모두 전문가라고 할 수 있을까? 전문성을 30여 년 넘게 연구해온 '전문성에 관한 전문가(?)'라고 할 수 있는 에릭슨 교수는 전문성을 발달시키기 위해서는(특히 세계적인 수준의) '사려 깊은 훈련(deliberate practice)'이 필요하다고 주장한다.

사려 깊은 훈련이란 자신이 잘하지 못하는 것 혹은 전혀 하지 못하는 것을 하기 위한 상당한, 그리고 구체적이며 지속적인 노력을 포함하는 훈련이다. 골프장에서 연습하는 사람은 두 종류라는 농담이 있다. 대부분은 헬스 하러 온 사람이고, 진짜 골프 연습하는 사람은 하나도 없다는 것이다. 땀을 뻘뻘 흘리며 주어진 시간 동안 아무 생각 없이 열심히 헬스는 했지만, 실제 골프 연습은 하나도 하지 않은 것이다.

필자가 '사려 깊은'이란 용어로 번역한 이유도 사실 훈련과 연습이 사려 깊게 생각하며 이루어져야 하기 때문이다. 어떤 일련의 과정을 기대했는데, 무엇이 잘못되었으며, 이 실수를 피하려면 어떻게 해야 하는가를 평가하는 작업이 동반되어야 한다. 그러기에 최고의 주의 집중이 동반되는 서너 시간의 사려 깊은 훈련이 필요하게 된다.

| 실제 연구들은 최고 수준의 수행을 보이는 음악가나 예술가들이 바로 사려 깊은 훈련의 결과라는 것을 보여준다.

실제 연구들은 최고 수준의 수행을 보이는 음악가나 예술가들이 바로 이런 훈련의 결과라는 것을 보여준다. 그리고 건설적이며, 때로는 신랄한 피드백을 주는 교사, 코치나 멘토의 지도가 있다는 것도 보여준다. 자발적으로 사려 깊은 훈련을 기획하고 연습한다는 것이 쉽지 않기 때문일 것이다. 그렇다고 스스로 하는 훈련이 불가능한 것은 아닐 것이다. 훌륭한 코치들은 어느 단계에서는 더 자신의 피드백이 필요 없도록 학생을 가르친다고 한다. 즉 학생 스스로가 자신의 코치가 되도록 한다.

가르치고 배우기에 주는 시사는 단순하다. 한 번에 서너 시간 동안 최고의 집중으로 이루어지는 십여 년에 걸친 사려 깊은 훈련이 우리를 전문가로 만드는 것이다.

배우기와 가르치기의 바탕이 되는 점검과 조절 과정

배움을 위한 메타인지란?

| 글을 읽었으면서도 이해하는 데 실패했다면 새로운 배우기는 일어나지 못했을 것이다.

첫 과제로 우선 다음 문단을 읽어보기 바란다.

> 초전도성에서는 전류의 흐름에 대한 저항이 사라진다. 최근까지는 물질들을 거의 완전에 가까운 절대 영도까지 냉각해서 얻었다고 한다. 그래서 이것이 기술적인 개발과 적용을 어렵게 했다고 한다. 전 세계에 있는 많은 실험실이 초전도 고분자 알로이 섬유를 생산하려고 노력하고 있다. 지금까지는 물질의 온도를 증가시켜 초전도성을 달성했다고 한다.

그러면 문단을 가리고, 1) 이 문단의 내용을 얼마나 잘 이해했는지 판단해 보자. 전혀 이해하지 못한 1점에서 완전히 이해한 5점까지로 점수 매기도록. 그리고 2) 짤막한 문단이지만 한 문장으로 요약해 보자.

독자들이 이 문단의 이상한 점을 깨달았는지 모르겠다. 이 문단은 오테로와 킨취라는 심리학자가 실험에 사용했던 예로, 고등학생들에게 읽게 했더니 많은 학생이 두 번째 문장(냉각)과 마지막(증가)이 불일치한다는 것을 알아채지 못했다고 한다. 그리고 내용을 회상한 것을 보니 앞에 나오는 내용 즉 초전도성을 달성하는 방법이 '냉각'만 있는 것으로 기억했다고 한다. 이 연구 결과가 주는 시사점이 무엇일까? 우리가 글을 읽고 이해하는 정신적인 과정, 즉 인지 과정을 수행하면서 내용이 반대되는데도 불구하고 이를 알아채지 못한 것이다. 글을 읽었으면서도 이해하는 데 실패한 것이고, 그러기에 새로운 배우기가 일어나지 못했을 것이다.

메타인지에 대한 비유

이런 상황을 머릿속에 그려보자. 어떤 사람이 큰 짐승 우리에 같이 살 동물들을 집어넣는다고 하자. 그리고 여러분은 위에서 보고 있다. 병아리를 넣고, 오리를 넣고, 새끼 염소도 넣고, 그러다 족제비를 넣으려는데, 잠깐 여러분은 어찌하겠는가. 물론 '보고 있다'가 '제지할' 것이다. 이 상황을 그대로 앞선 예에 적용해보자. 글을 읽고 이해하려는 '짐승 우리'에 서로 양립할 수 없는 잡아먹힐지도 모르는 새로운 내용이라는 '동물'이 들어오는데도 이를 여러분이 보지도 못하고 제지하지도 않은 것이다. 물론 이해에 실패했다고 해서, 이 비유처럼 비극적인 결과가 일어나지는 않겠지만 말이다.

| '짐승 우리'에 전혀 다른 새로운 내용에 해당하는 '동물'이 들어오는데도 이를 알아차리지 못했다면 이해하기에 실패한 것이다.

독자들도 앞선 실험 예와 '짐승 우리' 비유가 주는 교훈을 명확히 파악했을 것이다. 즉 인지 작용과 활동에 더하여, 이 작용을 보면서 점검(monitoring)하고 제어(control)하는 또 다른 인지가 필요하다는 것이다. 그리고 전자의 인지와 구별하기 위해 뒤의 인지를 인지 과정을 '위에서' 보면서 제어한다는 의미로 '메타(meta)'라는 용어를 앞에 붙인다. 여러분도 사전을 찾아보면 알겠지만, 이 단어에는 여러 의미가 포함되어 있으며, 인지심리학에서는 'beyond'라는 영어단어의 뜻을 잡아 '상위(혹은 초)인지'라고 번역하기도 한다. metaphysics(형이상학)라는 단어가 예가 된다. 이 글에서는 번역의 혼란을 줄이기 위해 메타인지라는 표현을 쓰기로 하겠다.

'배우고 가르치기'의 심리학적 바탕을 살피며, 굳이 메타인지라는 개념을 끌고 오는 이유를 먼저 이해하기 바란다. 독자들은 '전문가와 초보자'에서 살펴본 전문성의 한 특징으로 '적응적인 전문성(221쪽)'을 기억하고 있을 것이다. 전문가는 자신이 잘 이해하고 있는지 점검, 즉 모니터링하고, 새로운 정보가 우리가 알고 있던 지식과 일치하는지, 그리고 문제를 해결하기 위해 어떤 추가적인 정보나 지식이 필요한지 등을 잘하는 사람이라고 할 수 있다. 말하자면 전문가들이 갖는 공통점의 하나로 뛰어난 메타인지 능력을 들 수 있을 것이다.

그러면 전문가들은 어떻게 이런 메타인지 능력을 갖게 되었을까? 우리의 지능처럼 상당 부분 타고났을까? 아니면, 역시 '전문가와 초보자'에서 언급했듯이 사려 깊은 훈련의 결과일까? 자신이 못하는 것이나,

잘하지 못하는 것에 대한 코치의 지적이나 자신의 깨우침에 기반을 둔 연습이, 사려 깊은 훈련의 바탕이라는 점을 생각해 보면 결론은 명확하다고 할 수 있다. 사려 깊은 훈련이 바로 메타인지적인 교육과 훈련이 되는 셈이다.

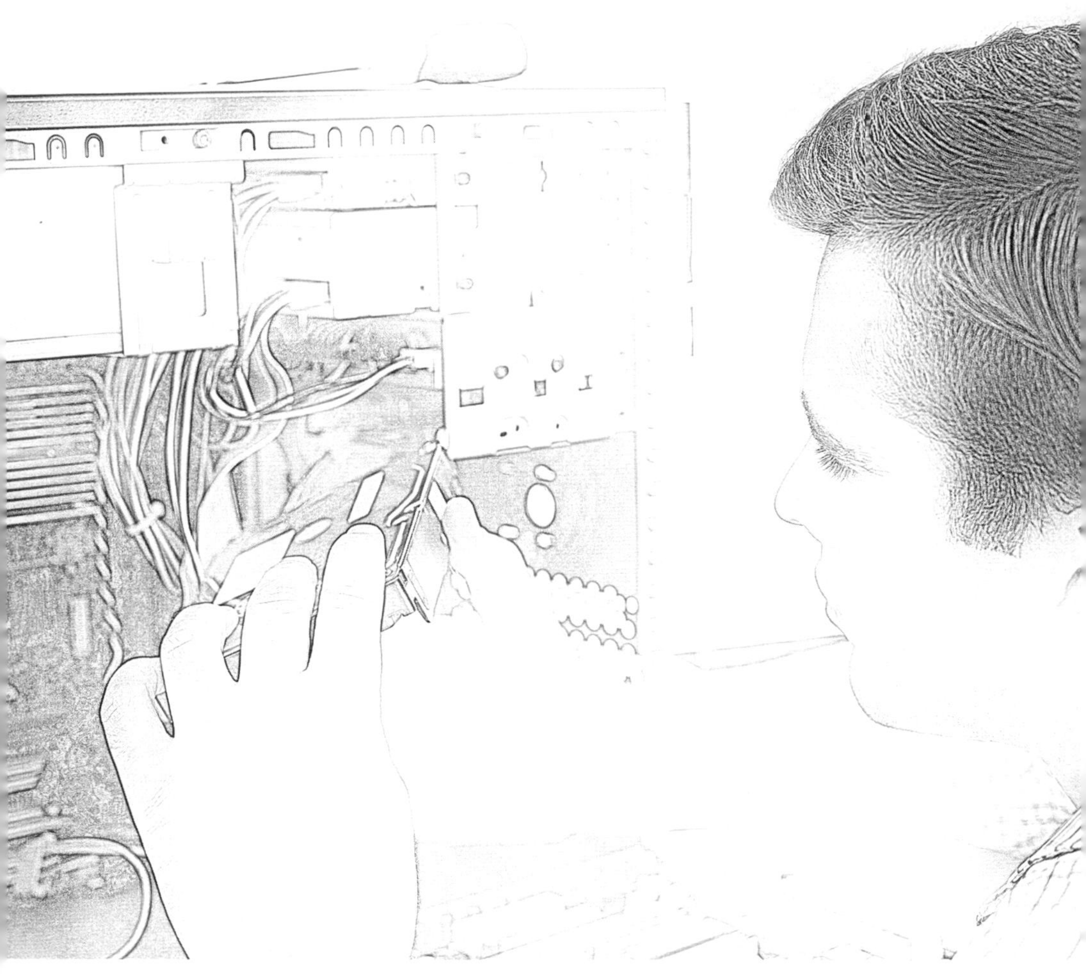

| 당장 읽고 이해하기도 급급한데 점검과 수정까지 신경 쓰기란 어려운 일이다.

메타인지를 어떻게?

앞에서 얘기했던 메타인지 과정의 '짐승 우리' 비유를 다시 생각해보자. 필자가 설명을 위해 든 것이기는 하지만 결정적으로 중요한 차이가 하나 있는데, 독자들도 아마 알아차렸을 것이다. 비유에서는 우리에 동물을 집어넣는 사람과 보고 있는 사람이 다른 사람이지만, 실제 인지과정에서는 글을 읽는 사람과, 불일치하는 내용을 잡아내야 하는 사람이 같은 한 사람이다! 한 사람이 읽기도 해야 하고 점검하기도 해야 한다는 말이다. 그리고 이 작업이 쉬울까? 집어넣기에 바쁜 사람이 어떻게 점검까지 같이할 수 있겠는가 말이다. 사실 이 점이 바로 메타인지의 비극(?)이 되는 셈이다. 메타인지 과정이 쉽지 않기에, 앞선 실험 결과에서처럼, 고등학생들조차 이러한 인지과정을 사용하지 못한 것이다. 배우기에 필수적인데도 말이다.

왜 메타인지 과정이 어려운가는 설명하기 쉽다. 우리의 인지과정이 제한된 용량 범위 내에서 이루어져야 한다는 것은 이미 상식이다. 우리가 사물을 지각할 때도 제한된 시각 정보만을 받아들일 수밖에 없으며, 즉시 외우려는 숫자도 일곱 개 내외다. 이렇게 제한된 주의와 기억 용량으로 읽고 이해하는 인지 과정과 이것이 잘 이루어지고 있는지 점검하고 혹 잘못되었으면 고치는 과정이 동시에 수행되는, 말하자면 이중과제 수행 상황이기 때문이다. 당장 읽고 이해하기에 급급한데, 어디 점검과 수정까지 신경 쓸 수 있겠는가? 그래서 요사이 이러한 자기 조절 혹은 자기 주도 학습이라는 용어로 포장된 사교육 문구에 필자는 늘 마음이 편치 않다.

하지만 모든 비극 속에는 희망의 씨앗이 있다고 했던가. 앞서 전문성에서 잠깐 언급했던 것처럼, 다행스럽게도 이 메타인지 능력은 타고난 것이 아니라 훈련을 통해 발전시킬 수 있다는 것이 학자들의 의견이며 실제 많은 경험적인 증거가 있다. 어떤 한 기술을 반복적으로 연습하게 되면 빠르게 수행될 수 있으며, 용량을 많이 필요로 하지 않는 자동화 수준이 된다.

| 메타인지 능력은 타고난 것이 아니라 훈련을 통해 발전시킬 수 있다.

가르치는 입장에서는 학생들에게 여러 방식의 메타인지 점검과 제어 방식을 가르쳐야 하고, 배우는 입장에서는 스스로 능동적으로 이들 방법을 적용하여 능숙하게 사용할 수 있게 만들어야 한다. 이 글에서는 배우기에 왜 메타인지가 중요한가만을 설명하였다. 앞으로 몇 번에 걸쳐 메타인지에 관한 개념적 정리와 중요한 실험 결과를 살펴볼 것이며, 아울러 실제 사용할 수 있는 메타인지의 전략들을 소개할 것이다.

마무리 짓기 전에 메타인지에 관해 관심 있는 독자들을 위해 숙제 하나를 내도록 하자. 메타인지를 고려하며 다음 주제를 생각해 보자 1) 메타인지의 중요성을 보여주는 예는 무엇인가? 2) 메타인지란 어떻게 구성되는가? 3) 어떤 메타인지적 오류가 있는가? 4) 메타인지를 증진하는 한 방법은 무엇인가? 하는 네 질문에 답해 보기 바란다. 즉 읽으며 이 네 질문에 답할 수 있는가를 점검하고 다시 읽어 수정하는 일종의 메타인지 실습을 해보도록 하자.

이 글을 읽은 것이 이 실습에 어떻게 영향을 끼쳤는지 반추해보면 좋을 것이다. 아울러 이를 통해 필자가 다음에 쓸 내용에 대한 배경지식을 습득한 것도 될 것이다. 실습하지 않고 써먹지 않는 지식과 정보는 소리도 없이 사라지는 법이다.

생각하며 배우고 가르치기

메타인지 훈련하기

| 자신이 주도하는 학습을 하는 일은 생각만큼 만만치 않다.

요즘처럼 복잡하고 빨리 변하는 지식 사회에서는 학습, 즉 배우는 능력이 어떻게 보면 중요한 생존 도구가 된다. 대학교 때 배운 지식은 졸업하자마자 쓸데없게 된다는 우스개가 있을 정도니 말이다. 자신의 관심 때문이건, 전문적인 일 때문이건, 혹은 새로운 취업을 위해서건 늘 새로운 정보와 지식을 배워 정리해 놓고 활용해야 한다. 그러니 '평생교육'이니 '전 생애에 걸친 학습'이란 용어가 나오는 것이다.

그런데 사람들에게 뭘 배우려고 하는데 어떻게 할 것인지 물으면, 나오는 대답은 '학원에 가는 것'이 보통이다. 배움의 시작이 학원 등록이 되는 것이다. 스스로 배움을 주도하여 계획하고 관리하는 것이 중요한데도 말이다. 그런데 자신이 주도하는 학습을 하기는 만만치 않다. 왜냐하면, 사실 우리 대부분은 어떻게 학습해야 하는지 배워 본 적이 없다. 학교나 학원에서 교사가 해주는 것을 따르는 것이 학습이라고 생각해왔으며, 이렇게 하다 보면 그리고 시간이 지나면 공부하는 법을 자연적으로 습득한다고 여겼는지도 모른다. 하지만 십여 년을 공부해온 대학생들조차 학습 방법에 무지한 경우를 주변에서 자주 보게 된다.

더구나 중요한 것은 지적인 능력과 노력이지 학습 방법 자체는 아니라고 생각하는 사람도 있다. "우리 애는 머리는 좋은 데 노력을 하지 않아 성적이 안 좋다"라고 말하는 부모들이 대표적이다. 실제로 이런 학생들의 공부 방식을 살펴보면, 아주 비효율적인 학습 방식을 갖고 있는 경우가 많다. 또한, 학습 방법은 개인에 따라 다르기에 모두에게 적용할 수 있는 보편적이며 효율적인 학습 방법을 굳이 배울 필요가 없다고 생각하기도 한다. “저 교수의 수업 방식은 나에게 안 맞아, 나는 내 스타일대로 할래.”라는 표현이 예이다. 자신의 학습 방식이 비효율적이어서, 내용을 이해하고 머릿속에 갖고 있다가 활용하지 못하면서도 계속 자신의 방식을 고집한다. 왜? 그 방식을 여태까지 써왔기에 자신에게 편하기 때문이다.

하지만 필자가 앞의 글을 통해 여러 번 설명했듯이, 모든 사람의 배우기에 적용할 수 있는 일반적인 원리와 방법들이 있다. 이를 바탕으로, 학습을 잘할 수 있는 기술들을 자신에게 우선 설치하고, 반복적인 훈련을 통해 능숙하고 자연스럽게 사용할 수 있도록 만들어 놓아야 한다. 그리고 이렇게 되면 효율적인 학습 방법들이 여러분의 공부 스타일이 된다. 다른 사람에게 “저는 어느 낯선 분야도 가장 효율적으로 빨리 학습할 수 있는 능력(기술)을 갖고 있습니다.”라고 자신을 소개할 수 있을 정도가 되어야 한다. 말하자면 ‘학습 전문가’가 되는 것이다. 이 글에서는 효율적인 학습에 필수적인 메타인지를 증진하는 방법들을 얘기해 보자.

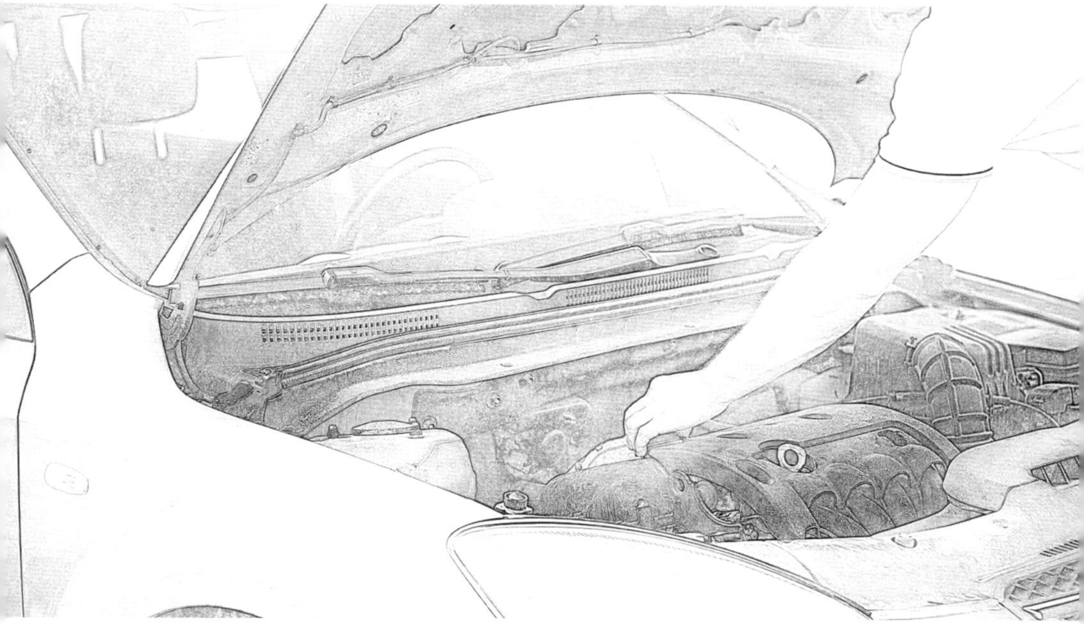

| 능숙한 운전 전문가가 되려면 우선 자동차 자체에 대한 지식이 필요하다.

운전하기를 비유로 들어 보자. 여러분이 능숙한 그리고 효율적인 운전 전문가가 되려면 무엇이 필요할까? 아마도 첫째로는 자동차 자체에 관한 지식이 필요할 것이다. 자동차의 구조나 각 부품에 관한 지식과 자동차가 어떻게 작동하는가에 관한 어느 정도 지식이 있어야 한다. 컴퓨터로 치자면 자동차의 하드웨어와 소프트웨어에 관한 지식을 갖고 있어야 한다. 그리고 여러 운전 기술에 대한 연습과 운전이 잘되고 있는지, 효율적인 연비 절감이나 자동차의 여러 부품이 유지되고 있는지 점검하고 관리하는 것이 필요할 것이다. 마찬가지로 여러분이 학습 전문가가 되려면 위의 비유와 똑같은 지식, 훈련, 관리가 필요하다. 우

선 학습을 담당하는 우리의 마음(인지)에 관한 같은 지식이 어느 정도는 있어야 한다. 마음의 바탕인 대뇌에 관한 신경심리학 지식, 마음의 작용인 지각하고, 주의를 기울이고, 기억하고 나중에 회상해내는 과정의 특성에 관한 인지심리학 지식을 어느 정도는 갖고 있어야 한다. 그렇다고 여러분 모두가 인지심리학의 전문 지식을 배우라는 말은 아니다. 배우기 과정을 점검 관리하는 메타인지 기술들을 알고 훈련하면 될 것이다. 학습과 배우기를 시작하는 단계, 실제 배우고 공부하는 단계, 배우기의 종결 단계로 나누어 생각하자.

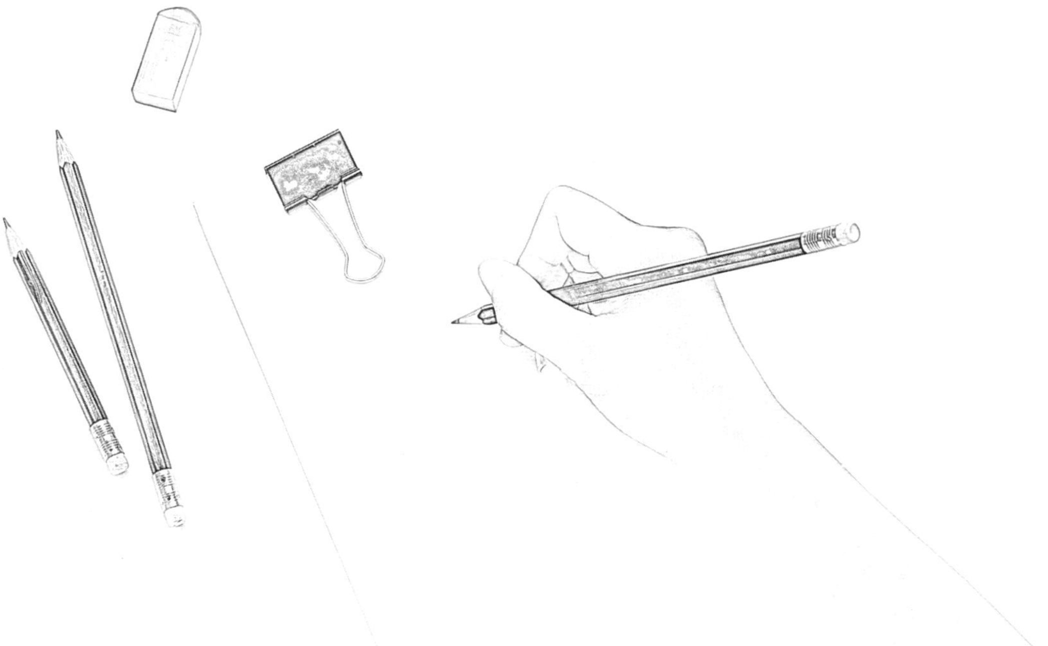

| 실제로 많은 학생이 목표나 계획 없이 과제를 시작한다.

목표 설정과 계획

예를 들어 교과서의 한 장을 읽는다고 하자. 그러면 이 과제를 시작할 때 1) 어떤 사전 지식이나 관련된 지식이 필요한지 머릿속에 떠올려보고, 2) 목표를 설정하고(예, 객관식 중간고사를 90점을 목표로) 계획하는(예, 앞으로 두 시간에 걸쳐 키워드 중심으로 공부) 준비가 필요하다. 어떻게 보면 너무 당연한 것 같지만, 실제로 많은 학생이 목표나 계획 없이 과제를 시작한다. 그러기에 목표를 설정하는 인지 기술과, 시간(노력)을 어떻게 배당할지 계획하는 인지 기술부터 가르치고 배워야 한다.

모니터링과 점검

그리고 실제 이 과제를 수행하면서 1) 자신이 내용을 잘 이해하고 있는지 2) 이해가 어려운 부분이 있는지 3) 어떤 용어를 나중에 기억할 수 있겠는지, 혹 힘들 것 같으면 어떻게 암기할지 4) 세웠던 계획을 충실히 따르고 있는지 모니터하고 점검해야 한다. 1번을 위해서는 읽어 가며 각 문단이나 단락의 내용을 한두 개의 문장으로 잘 요약할 수 있는지 여부로 확인하고, 2번은 책 옆 칸에 물음표로 표시하고, 3번을 위해서는 그 용어와 관련된 내용을 정리해 공책에 적어보는 방식을 쓰면 될 것이다.

자신에게 혹은 타인에게 설명해 보기

| 내용을 요약할 수 있는지 확인하기 위해 자신 혹은 다른 사람에게 요약해 설명해볼 수 있다.

한 장을 다 읽었다면, 1) 자신이 설정한 목표가 달성되었는지 평가하고, 2) 그 장의 결론이 무엇인지 도출해보고, 3) 전체 내용을 요약할 수 있는지 확인해야 한다. 객관식 시험이 목표였다면 1번을 위해서는 색인 카드 한 면에 모든 핵심 용어를 적어 놓은 후에, 우선적인 순서로 그 용어를 자신이 설명할 수 있는가를 검사할 수 있을 것이다. 이 방법이 소위 말하는 학습했던 내용을 다시 회상해 보는 '인출 연습'이 된다. "기억과정 - 공부한 내용의 기억(59쪽)"[1] 을 다시 읽어보기 바란다. 2번을 위해서는 자신에게 혹은 다른 사람에게 요약해서 설명해 보면 된다. 설명하다가 막히는 부분이 있다면, 공부한 내용에 틈(문제)이 있다는 것을 의미하는 것이므로 이 간격을 메우는, 그 틈에 해당하는 내용을 찾아 다시 읽는 작업이 필요할 것이다. 3번을 위해서는 한 장의 단락 구성 문단의 소제목을 머릿속에 다시 떠올려 보면 될 것이다.

마지막으로 강의하고, 숙제 내고, 시험 보는 일반적인 학교 수업에 적용될 수 있는 그러기에 쉽게 가르치는 사람이나 배우는 사람들이 따를 수 있는 메타인지를 가르치는 한 방법을 소개하자.[2]

---

1. 이 글에서 인용한 실험이 외국어 단어 학습에서 암기가 중요하다는 것으로 이해하는 독자들이 있다. 이 실험 결과의 핵심은 학습한 내용을 끄집어내 보는 연습, 즉 인출 연습(다른 말로 시험을 쳐보는)이 결정적이라는 것이다. 인출 연습이 기억을 오래 지속하도록 한다.
2. 여기서 소개하는 이 방법은 Lovett(2008)가 제안하는 것으로, 기존 수업을 메타인지를 가르치는 것으로 구성한다는(포장한다는) 의미에서 포장(wrapper)이라고 부른다.

강의를 메타인지 가르치며 하기

강사는 우선 강의 전에 강의를 능동적으로 듣는 요령을 가르쳐 준다. 특히 강의를 들으며 가장 중요한 요점이 무엇인지 생각하도록 한다. 그리고 강의가 끝나면, 각 학생에게 색인카드를 주고 세 개의 핵심 단어를 적어 제출하도록 한다. 그 후 강사가 생각하는 세 가지 핵심 단어를 보여준다. 이러한 즉각적인 피드백이 아주 효율적이라고 하며, 이를 반복하면서 학생들과 강사의 반응이 점점 더 일치하게 되었다고 한다. 학생들과 강사의 불일치를 서로 얘기하며 필요하면 보완하는 강의를 할 수도 있을 것이다. 메타인지 활동의 핵심인 점검을 훈련하는 방법이다. 어느 정도 훈련이 되면 굳이 강사가 핵심 포인트를 묻지 않아도 학생들이 스스로 알아서 하게 된다.

| 강의를 능동적으로 듣기 위해서는 강의의 중요한 요점을 생각해가며 들어야 한다.

| 메타인지 활동을 하며 시험을 보게 되면 자신이 범했던 실수, 공부 전략의 보완점 등을 점검할 수 있다.

숙제를 메타인지 가르치며 내기

숙제를 내기 전에, 학생들에게 점검해야 하는 기술에 초점을 맞춘 자기 평가 질문을 제공한다. 행렬 수학 문제를 푸는 숙제라면 "행렬을 더하는 문제를 얼마나 쉽게 빨리 풀 수 있겠습니까?"라는 질문이 예가 된다. 그리고 숙제를 마친 후 다시 "자 이제 숙제를 끝냈습니다. 행렬을 더하는 문제를 얼마나 쉽게 빨리 풀 수 있겠습니까?"라는 질문을 다시 한다. 이 두 번의 자기평가 질문에 학생들은 자신이 문제를 풀 수 있다고 과신했다는 반응, 혹은 자신은 연습 문제 풀이를 더 해야겠다는 반응 등 말하자면 메타인지적인 평가를 보였다고 한다.

시험을 메타인지 가르치는 도구로 쓰기

채점한 시험지를 돌려주기 전에, 학생들에게 자신의 공부 전략, 자신이 범했던 실수, 다음 시험을 위한 계획 등과 같은 시험에 관한 성찰을 종이에 쓰도록 한다. 그리고 다음 시험을 치기 전에 이 종이를 각 학생에게 돌려주고 다시 검토하도록 한다. 그러면 학생들은 첫 시험 후에 자신이 가졌던 생각을 돌이키면서, 다음 시험을 준비하며 여러 새로운 시도와 전략을 사용했다고 한다. 평가 후 문제를 해결하려는 새로운 시도를 통제 혹은 제어하는 전형적인 메타인지 활동을 하게 된 것이다.

메타인지 기술은 고정되어 있는 정해진 방법이 아니다. 학습자가 수행해야 될 과제나 배워야 할 내용, 학습이 일어나는 상황에 따라 다양하게 변할 수 있다. 자신의 내적 인지 과정이 잘되는가를 점검하고 필요한 수단을 동원하는 기본 원칙을 따르면 된다. 그리고 반복을 통해 늘 하게 되는 습관으로 만들어 놓아야 한다.

왜 나이가 들수록 세월이 빨리 흘러가는 것처럼 느낄까?

시간과 기억

| 나이가 들수록 점점 한 해가 빨리 지나가는 것 같다고 말하는 사람이 많다.

인간의 기억은 시간 차원에서 나뉜다. 우리가 현재 생각하고 있으며, 스스로 깨닫고 있는 자신의 의식 경험을 심리학자들은 단기(짧은) 기억이라고 부른다. 의도적으로 현재 생각하고 있는 것을 유지하려고 노력하지 않으면 30초 정도라는 짧은 시간 동안만 지속되다 사라지기 때문이다. 우리가 늘 경험하듯, 방금 들었던 전화번호나 사람 이름을 곧 잊게 되는 것이 좋은 예이다. 사라지지 않게 하려면 중얼거리며 외우든지 적어 놓아야 한다. 그리고 이 의식 공간에서는 여러 정신적인 활동과 작업이 이루어지는 것이기에 작업기억(일하는 기억)이라고도 부른다.

30초를 벗어나, 몇 분에서부터 몇 년 혹은 몇십 전에 일어났던 여러 사건이나 알고 있는 정보들을 모두 뭉뚱그려 장기기억(긴 기억)이라고 부른다. 여기서는 다루지 않지만, 장기기억에 있는 정보를 세부적으로 분류하고 구분하는 것은 가능하다(171쪽). 기억을 시간이라는 차원에서 분류할 수 있다는 것은, 사실 시간 흐름에 대한 우리의 주관적인 판단이 기억과 밀접하게 관계될 수 있다는 것을 의미한다. 그리고 이를 보여주는 좋은 예가 이 글에서 다루고자 하는 주제이다.

왜 우리는 나이가 들수록 세월이 빨리 흘러가는 것처럼 느낄까?

연말연시가 되면, 화살처럼 지나간 한 해를 허망해 하는 사람을 많이 볼 수 있다. 특히 나이가 들수록 점점 한 해가 빨리 지나가는 것 같다고 말하는 사람이 많다. 그런데 왜 우리는 나이가 들수록 세월이 빨리 흘러가는 것처럼 느끼게 되는 걸까? 우리 삶에서 시간의 흐름이 단순히 시곗 바늘의 움직임이라고 여기는 사람이라면, 예전이나 지금이나 일 년은 일 년이지 무슨 차이가 있는 것이 아니라며, 나이 든 분들의 넋두리라고 치부할지 모르겠다. 하지만 우리 인간의 주관적인 느낌과 생각도 심리학자들에게는 무시할 수 없는 흥미로운 주제가 된다. 시간과 시간의 흐름은 우리가 직접 볼 수도 만질 수도 없는 것이기에, 시간의 흐름에 대한 느낌과 해석(이를 시간 지각이라고 부를 수 있다)이 우리 인간의 마음 작용을 반영하는 것일 수 있기 때문이다.

나이가 들수록 시간이 빠르게 지나는 것처럼 느끼는 현상에 대해 여러 가지 설명이 가능하다. 앞서 언급했던 것처럼, 아마도 이러한 주관적인 느낌이 기억의 문제일 수 있다고 설명할 수 있다. 보통 나이가 들수록 새로운 경험이 젊었을 때보다 줄어들고 그래서 머릿속에 특별히 남게 되는 기억들이 적을 수밖에 없다. 젊은이들에게는 매일매일 경험하는 것들이 첫 경험이 되는 것이고 그러기에 뚜렷한 기억 흔적으로 남게 된다. 첫 만남, 첫 여행 등을 어떻게 잊을 수 있겠는가. 하지만 나이가 든 중장년층에게는 회사 가고, 일하고, 퇴근하는, 같은 일상들이 쳇바퀴처럼 돌아가게 된다. 이 연령에 해당하는 독자라면 자신이 최근 새롭게 경험한 것이 있는지 생각해 볼 일이다. 아마도 별로 없지 않을까. 연말연시에 지난 한해를 회상해보니 무엇을 했는지 특별히 기억나는 것은 없다. 그리고 이렇게 한 해 동안의 특별한 기억들이 없다 보니 그 해가 빨리 지나간 것으로 느끼게 된다는 것이다. 말하자면 시간 흐름이 빠른지 느린지의 주관적인 느낌은 회상해 낼 수 있는 기억 흔적들의 갯수에 의존한다고 설명하는 것이다. 이 설명을 여러 심리학자가 인정했다고 한다.

나이에 따라 주관적으로 느끼는 시간의 흐름을 굳이 기억과 관련시키지 않고도 설명할 수 있다. 우리가 느끼는 주관적인 시간 경과는 우리가 살아온 세월의 비율로 계산된다고 설명할 수 있다. 스무 살짜리에게 일 년은 1/20이고, 육십 어르신에게는 1/60이 되어 일 년을 더 짧게, 즉 빨리 지나가는 것처럼 여기게 된다는 것이다. 말하자면 자신의 나이가 시간의 흐름을 평가하는 인지적인 기준이 된다는 것이다. 물론 왜 살아온 세월이 기준이 되어야 하는지, 상대적인 평가의 분모가 되는지 다시 설명해야 되지만 말이다.

특히 장년 이후의 어른들이 주로 하는 말이기에 "늙어서"라고, 즉 인지적 혹은 생리적 노화로 설명할 수도 있다. 나이가 들어 대뇌의 활동을 좌우하는 신경세포 간의 전달 속도가 떨어지고 그래서 신체 리듬, 시간 지각, 주의 집중력 등 대부분의 심리적 기능이 느려진다. 그리고 이런 기능 저하가 오히려 외부 변화를 빠른 것으로 느끼게 한다. 우리가 천천히 걸을 때 정상적인 속도로 지나가는 사람들이 반대로 빨리 움직이는 것처럼 느끼는 것과 같다.

시간이 빨리 지나가는 느낌, 나이 탓만은 아니다

그런데 한 가지 짚고 넘어갈 것이 있다. 우리가 당연시 한, 나이가 들면서 점점 세월이 빠르게 지나가는 것처럼 느낀다는 것이 사실일까? 심리학자인 프리드먼과 엔센이 네덜란드와 뉴질랜드의 16세에서 80세까지의 1865명에게 "시간이 얼마나 빨리 지나가는지, 지난 일주일(혹은 지난달, 지난해, 지난 10년)이 얼마나 빨리 지나갔는지"를 응답받고, 나이와의 관련성을 통계적, 실험적 방법으로 분석한 연구가 있다. 흥미로운 결과는 모든 연령의 사람이 시간이 빨리 지나가는 것으로 응답하였으며, 실제 나이에 따른 차이가 아주 작았다고 한다. 말하자면, 시간이 빨리 지나가는 것처럼 느끼는 것이 나이 탓만은 아니라는 시사를 주는 결과이다.

| 주관적으로 느끼는 시간 경과가 우리가 살아온 세월의 비율로 계산된다면 스무 살짜리에게 일 년은 1/20이고, 육십 어르신에게는 1/60이 되어 일 년을 더 짧게, 즉 빨리 지나가는 것처럼 여기게 된다.

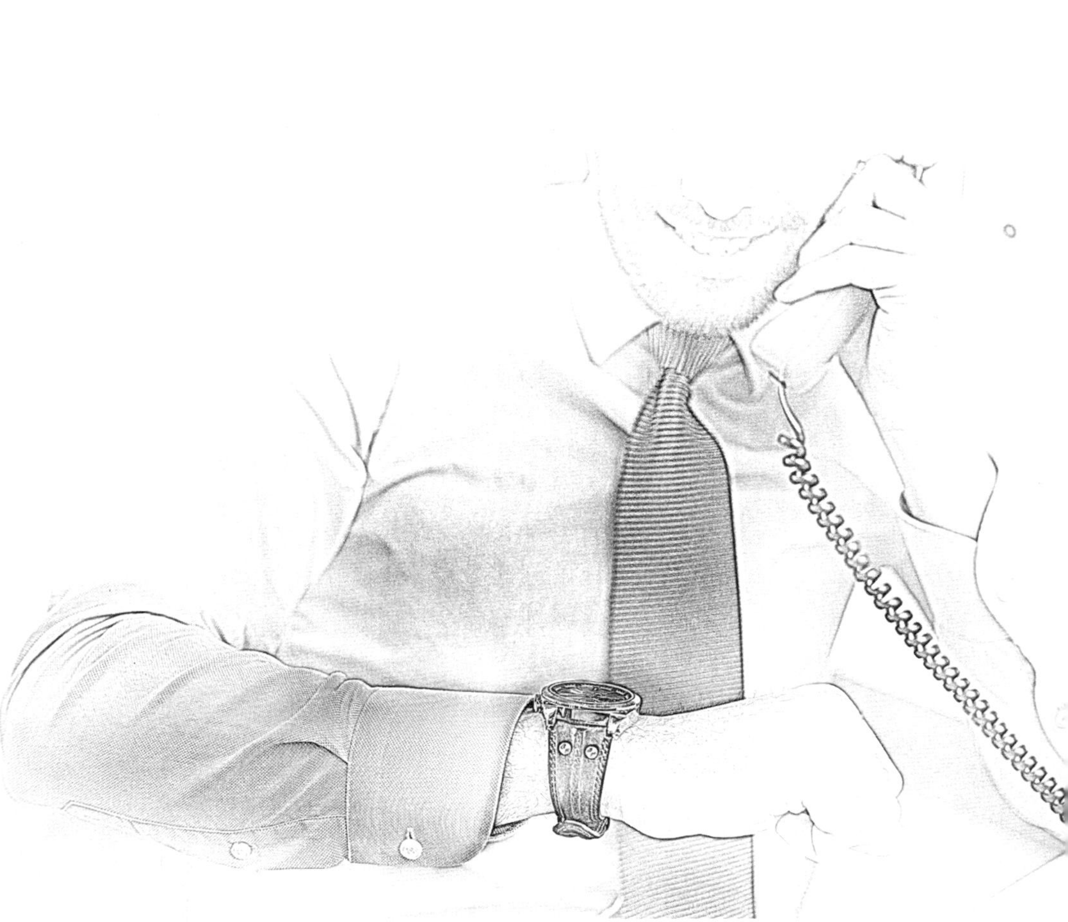

| 주어진 시간 안에 여러 일을 마무리 짓기 어려울 때, 사람들은 남은 시간을 생각하게 되고, 시간 흐름에 민감해지는 게 보통이다.

그러면 시간이 빨리 지나가는 느낌은 어디서 생기는 것일까? 이 연구자들은 "시간 압박(time pressure)"이라는 대안을 제시한다. 주어진 시간 안에 여러 일을 마무리 짓기 어려울 때, 사람들은 남은 시간을 생각하게 되고, 시간 흐름에 민감해지는 게 보통이다. 그리고 시간이 충분치 않아 일을 마치지 못했던 이러한 경험이 반복되면서, 시간이 빨리 지나간다는 일반적인 기분이나 느낌을 갖게 된다는 설명이다. 우리

가 아주 바빴던 해를 돌이켜 볼 때 유독 빨리 지나간 것처럼 느끼게 되는 현상이 이 설명과 잘 맞아 떨어진다고 할 수 있다. 그리고 우리들 대부분은 나이를 먹어가며, 그때그때 빨리 해결해야 할 문제에 치여 살게 된다는 점을 고려하면, 시간이 빠르게 지나가는 것처럼 느끼는 게 어쩌면 당연한 결과라고 생각할 수 있을 것이다.

더구나 이 설명에 따르면, 나이가 들수록 세월이 빨리 흘러가는 것처럼 느끼는 것이 아니라, 반대로 시간적인 압박에서 어느 정도 벗어날 수 있는 노후에 오히려 시간이 더 늦게 지나가는 것으로 느낄 수도 있을 가능성도 시사한다. 그래서 위 설명이 주는 교훈은 명확해 보인다. 지난해를 돌이키며 한 해가 너무 빨리 지나간 것처럼 느끼는 독자가 있다면, "내가 점점 늙어가고 있구나" 한탄하지 말고, "내가 지난해를 아주 바쁘게 열심히 살았다는 증거구나" 여기며 오히려 스스로를 칭찬해도 좋을 것 같다.

어느 한 설명만으로 주관적인 시간 지각의 변화를 모두 설명할 수는 없을 것이다. 그리고 심리학자들이 설명해야 할, 시간의 흐름에 대한 주관적인 평가가 달라지는 여러 흥미로운 현상이 있다. 재미있는 몰입 상태에서 시간이 빠르게 지나간 것처럼 느낀다든지, 어느 장소를 찾아갈 때, 갈 때보다는 돌아올 때 더 빨리 온 것처럼 생각되는 현상이 예가 된다. 앞으로의 연구를 기대해본다.

어떤 식으로 공부해야 할까?

공부 방법

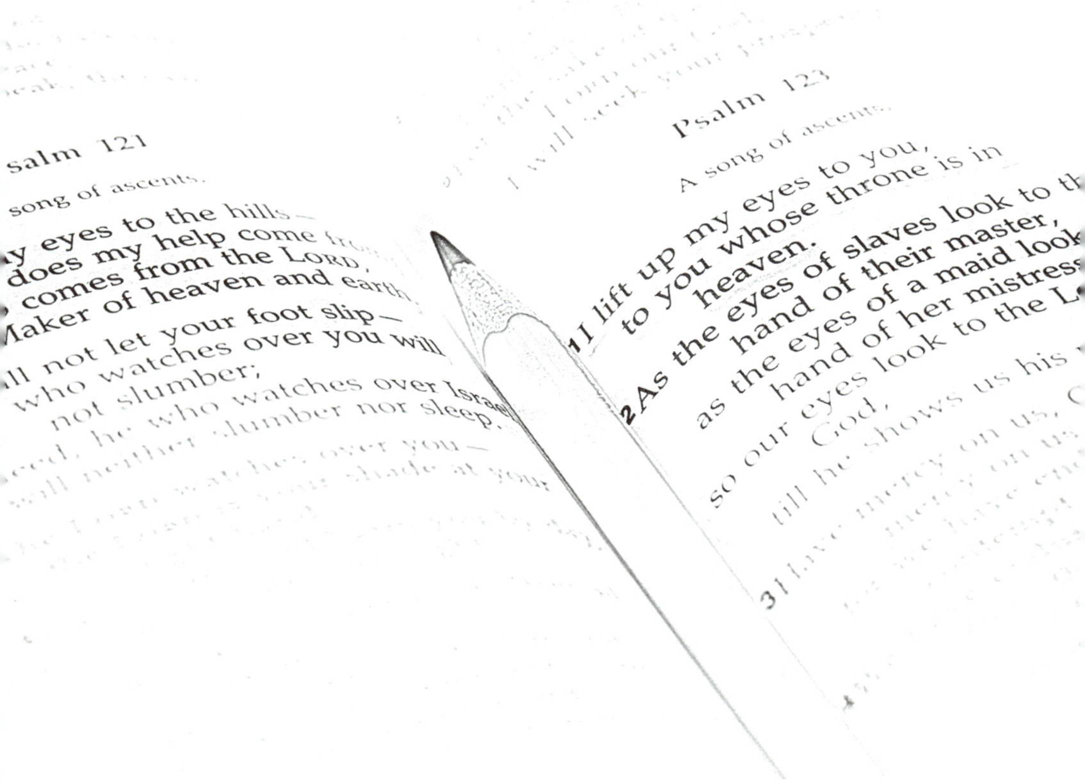

| 형광색으로 표시해가며 열심히 암기하는 방법, 언제나 효과가 있을까?

여러분이 어떤 텍스트를 공부하고 나서 어떤 형식으로든지 평가받는다고 하자. 여러분은 어떻게, 어떤 방식으로 공부하겠는가? 다소 막연할 것 같으니, 다음 몇 가지 공부 방법들의 예를 읽어보며 여러분이 자주 사용하는 방식이 어느 것인지 순서를 매겨 보기 바란다. 늘 사용하는 방법을 1번으로, 전혀 사용하지 않는 방법은 10번으로.

1. **의문의 제기와 설명해보기**: 특정한 사실이나 개념이, 왜 맞다고 기술되었는지 이유를 나름대로 설명해보기.
2. **스스로 설명하기**: 새로운 정보가 이미 알고 있던 정보와 어떻게 연관 되는가를 설명해 보기, 혹은 문제를 해결하고자 사용했던 단계들을 설명해보기
3. **요약하기**: 배워야 할 텍스트의 요약을 써 보기(요약의 길이는 자세할 수도 아주 짧을 수도).
4. **강조하기 혹은 밑줄 긋기**: 읽어가며 배워야 할 자료에서 중요하다고 여겨지는 부분을 표시하기
5. **암기법을 사용해 핵심어를 외우기**: 배워야 할 내용을 연결시키기 위해 핵심이 되는 단어의 심상(imagery)을 사용하기
6. **텍스트의 내용에 대한 심상을 만들기**: 읽거나 들으며 텍스트 내용을 머릿속 이미지로 만들어 보기
7. **다시 읽기**: 한 번 읽은 후에 다시 텍스트 내용을 공부하기
8. **연습 시험을 보기**: 배워야 할 내용에 대해 스스로 시험(검사)을 보거나, 연습문제르 시험 보기.
9. **분산해 연습하기**: 공부를 단시간에 몰아 끝내기보다는, 여러 시간에 걸쳐(즉 분산해) 진행되도록 만들기(강의 내용 복습, 주요 개념이나 용어 암기하기, 텍스트 다시 읽기 등의 학습 활동을 한 번에 모두 몰아 하지 말고 여러 번으로 나눠서 하기)
10. **끼워 넣어 연습하기**: 한 종류의 문제나 내용만 공부하기보다는, 다른 문제나 내용을 사이사이에 끼워 문제를 풀거나 내용을 공부하기(예로, 면적 구하기 문제만 풀고, 나중에 부피 구하는 문제를 풀기보다는 이 두 문제를 섞어 풀도록 하는 방식)

독자들도 느꼈겠지만, 이 열 가지 공부 방법은 몇 개를 제외하고는 많은 학생이 실제 사용하는 것들이다. 특히 밑줄 긋기가 대표적이다. 필자도 한때 노랑, 초록, 자주의 세 가지 형광펜으로 아예 책 전체가 색칠될 정도로 서로 다른 표시를 했던 적이 있다. 그리고 이들 방법들이 실제 학습과 기억을 도와준다는 나름대로의 근거도 있다. 그런데 사람마다 다 좋아하는 학습 방법도 다르고, 혹자는 한 방식이 최고라고 우기기도 한다. 여러분의 의견은 어떤지 모르겠다.

가장 효율적인 공부 방법?

그렇다면 어떤 공부 방법이 최선일까? 자신이 효율적이라고 여기는 방법이 진짜 효율적일까? 혹은 공부 방식의 상대적인 효용성을 평가할 수 있을까? 어떤 방법이 다른 것들보다 더 낫다는 과학적으로 타당한 평가를 내릴 수 있을까?

그런데 이러한 평가가 만만치 않다는 것을 독자들도 이해할 것이다. 우선 어떤 내용을 공부하느냐에 따라 효율적인 공부 방법이 달라진다는 점은 명확하다. 공부할 내용이 외국어 단어일 수 있고, 설명식 과학 텍스트나 문학 작품일 수도 있으며, 수학 공식이나 개념 혹은 도표나 지도일 수도 있으니 말이다.

공부하는 학생들의 특성도 중요하다. 나이, 이미 갖고 있는 관련된 지식, 개인의 지적 능력 특히 언어능력, 배우려는 동기나 관심, 공부에 대한 자신감이나 성공 경험 등이 영향을 끼칠 것이다. 그리고 학교 강의인지 혹은 개인별 탐색 학습인지, 책을 읽는 것인지 강연을 듣는 것인지, 연습이나 복습이 얼마나 허용되는지 등의 학습이 일어나는 상황이나 조건도 중요하다.

더구나 공부한 것을 알아보는 시험이 어떤 형식인지도 영향을 끼칠 것이다. 시험이 단답식인지 주관식인지, 새로운 문제풀이인지 에세이를 쓰는 것인지, 수능과 같은 전국 평가인지 수업에서의 간단한 퀴즈인지 등에 따라 효율적인 공부 방법이 어떻게 같을 수 있겠는가. 과연 이 모든 요인을 고려하며 결론을 내릴 수 있을까. 하긴 이래서 교육의 문제나 학습의 문제가 해결하기 어려운 문제가 되는 것이고, 과학적인 증거에 기반을 둔 결정이 어려운 이유이다. 그래서 "그때그때 달라요"라는 식의 결론이라고 할 수 없는 결론이, 솔직히 창피하지만, 필자의 생각이었다.

| 어떤 내용을 공부하느냐에 따라 효율적인 공부 방법이 달라진다는 점은 명확하다.

공부 방법에 관한 연구 결과

그런데 최근 다섯 명의 심리학자들이 공부 방법의 상대적 효용성을 평가하는 엄청난 작업을 하고 결론을 내놓았다. 필자로서는 그야말로 눈이 번쩍 뜨이는 논문이었다. 이들의 결론을 요약하여 여러분에게 알려주고 공유하여야겠다는 생각이 이 글을 쓰게 된 이유이다. 앞에서 언급한 열 가지 공부 방법도 사실 이들 연구자가 분석 대상으로 삼았던 것들이다. 이 연구자들이 한 작업도 앞에서 언급했던 것처럼 어떤 특정한 공부 방법이 다양한 학습 조건, 학생의 특성에도 불구하고 적용될 수 있을 것인지, 공부할 내용이 서로 다른데도, 여러 가지 방식으로 시험을 볼 때도 적용되는지 분석하였다. 말하자면 특정한 공부 방법의 상대적인 효용성이 얼마나 넓게 적용되는가 하는 일반성을 분석한 것이다. 60년대부터 현재까지의 거의 400여 편에 해당하는 연구들을 개관하고 종합하여 일반화 가능성이 가장 높고 그러기에 학생들의 학습에 도움이 될 수 있는 공부 방법을 추천했다.

가장 높은 효용성을 받은 방법은 8번 '연습 시험을 보기(practice testing)'와 9번 '분산해 연습하기(distributed practice)'이었다고 한다. 이 두 방법이 어떤 나이나 능력이건, 어떤 교육 장면에서 어떤 형식의 시험으로 평가하건, 학생들의 공부를 촉진할 수 있는 것으로 나온 것으로 그 시사점이 크다고 할 수 있다. 공부 방법은 "그때그때 다를 수밖에 없어요."라고 무책임하게 충고하는 것이 아니라, 적어도 "가능한 공부한 것을 자주 기억해 다시 생각해 보고(인출), 연습으로 자신이 공부한 내용을 점검하는 시험이나 검사를 많이 하세요."라는 책임 있는 충고를 할 수 있기 때문이다.

일반성에 제한이 있는 중간 정도의 효용성을 받은 공부 방법은 1번 '의문의 제기와 설명하기', 2번 '스스로 설명하기'와 10번 '끼워 넣어 연습하기'였다고 한다. 그렇다고 이 방법들이 소용없다는 것은 아니고, 연구자들은 특히 1, 2번의 효용성이 아직 교육 장면에서 적절하게 평가되지 않고 있으며, 10번 역시 연구가 많지 않다는 이유를 들고 있으며 추후 연구가 필요하다고 기술했다.

| 연구 결과 가장 높은 효용성을 받은 공부 방법은 '연습 시험 보기'와 '분산해 연습하기'였다.

가장 낮은 효용성을 보인 공부 방법은 나머지 다섯 가지, 즉 '요약하기', '강조하기 혹은 밑줄 긋기', '암기법을 사용해 핵심어를 외우기', '텍스트의 내용에 대한 심상을 만들기', '다시 읽기'였다고 한다. 이러한 결과에 대한 이유로, 요약이나 텍스트의 내용에 대한 심상을 만들기를 사용하는 방식은 시험 종류에 따라 어떤 학생들에게는 효율적이기는 하나 그 효과가 제한적이며, 암기법도 역시 적용되는 상황이 제한적이기에 일반적인 효용성도 낮아진다고 설명한다. 그리고 흥미롭게도, 학생들이 가장 많이 사용하는 "밑줄 긋기"와 "다시 읽기"는 일관성 있는 공부 촉진 효과를 보이지 않는다고 보고했다.

| 특정한 암기법은 적용되는 상황이 제한적이기에 일반적인 효용성이 낮을 수 있다.

필자도 최근 한자와 한문 문법 공부에 이 결과를 적용하기 시작했다. 한꺼번에 몰아치지 않고 하루에 1~2시간만 구입한 텍스트를 읽어 가고 있으며(분산학습), 공부 마무리에는 배운 내용으로 스스로 문제를 만들어 놓는다. 그리고 다음 날이나 혹은 이틀 후 다시 공부를 시작할 때는, 이전에 공부했던 부분을 다시 읽는 복습(다시 읽기)이 아니라, 대신 지난번에 만들어 놨던 문제에 답을 쓰는 것(연습으로 시험 보기)부터 시작한다. 물론 100점인 경우는 드물다. 맞건 틀리건 다시 확인 후 새로운 내용을 공부해 가고 있다. 공부 후, 물론 지금까지 배운 내용으로 문제들을 다시 만들면서 말이다. 독자들도 이 두 방식을 창의적으로 자신의 공부에 적용해보기 바란다.

감정으로 물들인 바래지 않는 기억

정서와 기억

| 9·11참사처럼 충격적인 사건들이 우리 마음속에 생생하게 남아있는 것을 보면 감정이나 정서가 우리의 기억에 끼치는 영향을 부정할 수는 없을 것이다.

“감정으로 물들인 바래지 않는 기억”이라는 다소 시적인 표현을 이해하지 못할 독자는 없을 것이다. 아주 슬펐던 아주 기뻤던 일들이, 오랫동안 기억으로 남는다는 것을 우리의 삶이 자연스럽게 알려주기 때문이다. 떨렸던 첫 만남이나 절망스러웠던 이별 같은 개인적인 기억뿐만 아니라, 9·11 참사 같은 전 세계 사람들이 함께 경험한 충격적인 사건도 우리 모두의 마음속에 아직까지 생생하게 남아있는 것을 보면, 우리의 기억에 끼치는 감정, 기분, 정서의 영향을 부정할 수는 없을 것이다. 이 글에서는 정서와 기억에 관한 흥미로운 심리학 연구를 얘기해 보자.

우리의 일상 경험뿐만 아니라, 조건을 더욱 엄격히 통제한 실험실 상황에서도 이러한 정서의 영향을 확인할 수 있다. 사람들은 정서적인 단어들(욕이나 성적인 의미가 있는 단어)을 중립적인 단어들보다 훨씬 더 잘 회상해 낼 수 있다고 한다. 심지어는 그림들을 보여주고 일 년 후에, 봤던 그림과 그렇지 않은 그림을 섞어낸 후 봤던 그림을 찾아내라고 하면 중립적인 그림들보다 정서적인 그림들을 훨씬 정확하게 잘 찾아낸다고 한다. 아울러 정서 처리에 편도체(amygdala)라는 대뇌 구조가 중요한 역할을 한다고 알려졌다. fMRI 같은 뇌 영상 장비로 살펴보면 이 편도체가 정서적인 단어를 보고 기억해 낼 때 훨씬 높은 활동을 보이며, 편도체가 손상을 입은 환자는 일반인과는 달리 정서적인 내용에 대한 기억 증진 현상이 나타나지 않는다고 한다.

그러면 우리의 정서는 어떻게, 그리고 언제 우리의 인지 활동에 영향을 끼치는 것일까? 우선 기억 과정이 부호화, 저장, 인출이라는 세 과정(51쪽)을 거쳐 일어난다는 사실을 상기하기 바란다. 그리고 이 정보 처리과정에 정서를 대응시켜보자. 그러면 당연한 첫 가능성으로, 우리가 정보를 받아들이는 초기 과정, 즉 부호화 과정에서의 영향을 생각해 볼 수 있다. 우리의 정서 상태가 선택적으로 특정 대상에 주의를 기울이게 할 것이고, 그 정보를 처리하여, 정서가 동반되지 않는 기억에 비해 더 오래 지속될 수 있는 기억 흔적으로 남겨 놓을 것이다. 그리고 두 번째 가능성으로 인출 과정에서의 영향도 같은 방식으로 생각할 수 있다. 현재 경험하고 있는 정서 상태가 여러 정보 중 그 정서 상태에 맞는 정보만을 끄집어내도록 일종의 길처럼 작용할 수 있다. 말하자면, 부호화 단계 건 인출 단계 건 정서가 '기억하기'의 맥락 혹은 상황으로 작용한다고 설명할 수 있다. 비유하자면 '기억하기'라는 '축구 경기'가 열리는 '축구장(홈구장 혹은 상태 팀 구장)'이 '정서'가 되는 셈이다. 개들도 자기 동네에서는 한 점 잡고 들어가듯이 정서가 기억에 한 수 잡고 가게 하는 것이다.

기분 일치 효과

이러한 맥락의 효과를 잘 보여주는 현상이 기분 일치(mood congruence) 효과와 기분-상태 의존(mood-state dependent) 인출 현상이라고 할 수 있다. 전자는, 사람들이 자신의 현재 정서 상태와 맞는, 즉 일치하는 정서적 기억을 더 쉽게 인출할 수 있다는 것이다. 즉 슬픈 상태에 있는 사람들이 지난 과거를 생각해 기억해 내다보면, 다른 것보다 슬펐던 사건들이 더 잘 마음에 떠오르게 되는 현상이다. 전형적인 예가 우울증 환자라고 할 수 있으며, 이들의 경우 기억력이 저하되는 게 보통이지만, 다른 기억보다는 과거의 부정적인 사건들을 더 자주 기억해 낸다고 한다. 필자도 이따금 개론을 수강하는 학생들에게 자신의 과거 몇 년 동안에 회상할 수 있는 것을 적어 제출하라고 한다. 학생들이 적어 놓은 것을 보며, 학생들의 과거 자체에 관심이 있기보다는, 그 학생이 현재 어떤 상태인가를 알아보는 한 방법이 될 수 있기 때문이다.

| 우울증 환자의 경우 기억력이 저하되는 게 보통이지만 다른 기억보다는 과거의 부정적인 사건들을 더 자주 기억해 낸다고 한다.

기분-상태 의존 기억

비슷하면서도 미묘한 차이가 있는 현상이 두 번째의 기분-의존 기억 현상이다. 이 현상은 부호화할 때의 정서 상태와 인출할 때의 정서 상태가 일치하면 기억해 내기가 쉽다는 발견이다. 구체적인 예를 들어 슬픈 감정 상태에서 외웠던 단어는 슬픈 기분 상태일 때 회상을 잘할 수 있다는 것이며, 즐거운 기분 상태에서 배운 것은 즐거운 정서 상태에서 기억을 잘할 수 있다는 설명이다. 보통 이러한 기억 효과를 포괄해 상태 의존 기억이라고 하며, 물리적 환경이나 약물에 의한 맥락 효과도 포함된다.

실험 상황이 어떻게 구성되는지 궁금해하는 독자가 있을 것 같으니 부연 설명을 하자. 보통 대학생 집단을 피험자로 사용해, 반은 슬프고 우울한 상태로 유도하고 나머지 반은 명랑하고 기분 좋은 상태를 조성한다. 어떻게? 여러 가지 기분을 유도하는 방법이 있다. 가장 쉬운 것이 음악을 사용하는 것이다. 시벨리우스의 「핀란디아」와 같은 우울한 곡을 들려주거나, 모차르트의 「소야곡」 같은 경쾌한 음악을 듣게 해 기분 상태를 만들면 된다. 혹은 시나 소설 같은 문학 작품을 사용할 수도 있다. 필자의 동료는 예전 정서에 관한 실험을 하며, 우울한 정서를 유발하기 위해 서정주의 "애비는 종이었다… 나를 키운 것은 8할이 바람이었다…"로 이어지는 「자화상」을 사용하기도 하였다. 자신의 출생과 과거에 대한 회환과 절망 상태를 표현했기에 우울한 감정 상태에 빠지지 않을 시이다. 물론 이러한 방식이 원하는 대로 특정 정서 상태를 만들었는지 확인을 해야 된다. 그러고 나서는 단어 쌍이나 텍스트를 읽고 기억하도록 한 후, 나중에 같은 정서 상태나 다른 정서 상태를 만든 후 학습했던 것을 회상하게 하면 된다. 결과는 독자들이 기대한 대로이다. 같은 정서 상태에서의 학습과 회상을 한 조건이 다른 조건보다 좋은 기억을 보인다.

정서의 표현 통제

정서, 기억, 정서 표현의 통제와 관련하여, 최근 흥미로운 연구들이 시작되고 있어 이 자리를 빌려 간략히 소개하겠다. 필자는 처와 같이 TV 연속극을 보다가 슬픈 장면이 나오면, 괜히 '큼큼' 목소리를 가다듬고 천정을 쳐다보곤 한다. 왜? 아니, 옆에 있는 처와 손잡고 같이 눈물을 글썽일 수는 없지 않겠는가! 말하자면 어떤 이유에서건 필자는 정서를 억압하는 감정을 숨기는 작업을 하는 것이다. 최근 심리학자인 리차드와 동료들은 이런 외적 신호로의 정서 표현을 억압하는 것이, 인지적 기능을 저해한다는 실험 결과를 발표했다.

이들은 실험 참여자들에게 부상당한 남자의 영상을 보여주며 부정적인 정서가 유발되도록 하였으며, 영상과 함께 그 남자의 이름, 직업, 부상 상태에 관한 정보를 음성으로 들려주었다. 그리고 실험 참여자들을 무선적으로 두 집단으로 나눠 한 집단에는 영상을 보며 정서를 나타내지 못하도록 하는, 즉 규제적인 지시를 하였으며, 다른 집단에는 특별한 지시 없이 보게 하였는데, 실제 전자의 지시를 따르는 데 어려움이 없었다고 한다. 우리 모두가 늘 어떤 형태로든 내적인 감정을 표현하지 않으면서 살기 때문일 것이다. 그런데 흥미로운 것은 정서를 숨기고 표현을 억압한 참여자들이 음성 정보에 대한 기억 검사에서 훨씬 낮은 점수를 보였다는 결과이다. 앞에서 언급한 것처럼 정서에 대한 통제 혹은 규제가 기억에 영향을 끼친 것이다.

왜 이런 결과가 나왔을까? 연구자들은 정서 표현을 억압하는 과정이 부적 피드백 루프를 통해 일어나며 우리의 주의 자원을 소모하는 것이기에 나타난 것으로 해석하고 있다. 그리고 이러한 정서의 억압이 기억뿐만 아니라 면 대 면의 상호작용 소통에도 장애를 준다는 결과도 인용하고 있다. 앞으로의 연구를 기대해 본다.

| 정서 표현을 억압하는 것은 인간의 인지적 기능을 저해할까?

비합리적 지연의 과정

미루기의 심리학

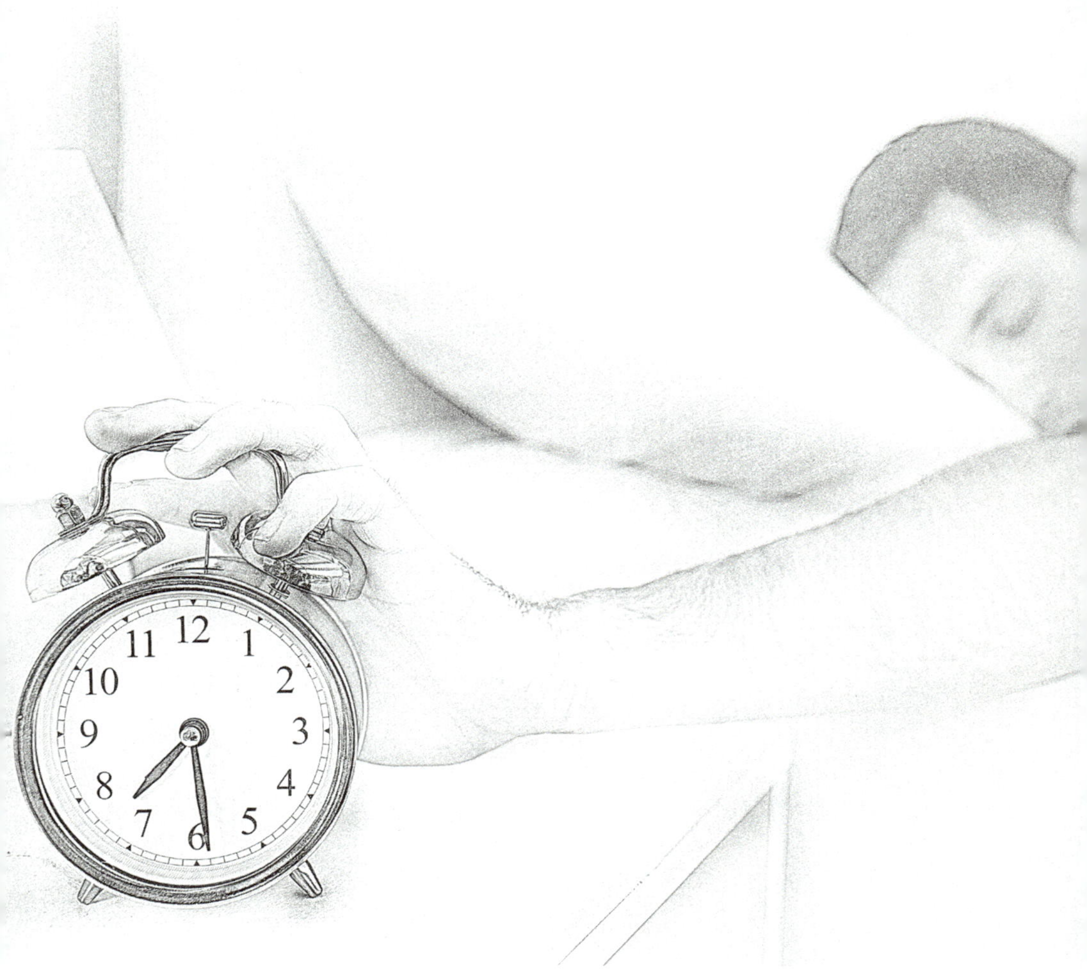

| 지연이나 미루는 습관의 결과는 경우에 따라서 본인에게 치명적일 수 있다.

우선 스틸(Steel)이라는 학자가 만든 다음 질문에 '늘 그렇다'는 5점, '전혀 아니다'는 1점으로 독자들도 점수를 매겨 보길 바란다.

1. 나는 늦은 지경까지 결정을 지연한다.
2. 결정한 후에도 실제 실행을 지연한다.
3. 나는 최종 결정에 도달하기 전에 여러 사소한 것에 시간을 허비한다.
4. 마감에 맞추는 준비를 하면서도, 나는 종종 다른 것들을 하는 데 시간을 쓴다.
5. 나는 단순히 앉아 하면 되는 일조차도 며칠이 걸려도 완수하지 못하곤 한다.
6. 나는 종종 며칠 전에 하려고 했던 과제를 지금에야 한다.
7. 나는 늘 "내일 해야지"라고 말한다.
8. 나는 해야 할 일의 시작을 보통 미룬다.
9. 나는 시간이 늘 부족하다.
10. 나는 시간에 맞춰 일하지 못한다.
11. 나는 모임의 마감 시한을 잘 지키지 못한다.
12. 예전에 마지막 순간까지 미뤘다가 손해 본 적이 있다.

몇 점의 점수가 나왔는지 합산해 보기 바란다. 물론 우리 모두는 어느 정도 일을 미루는 행동을 한다. 하지만 모두가 상습적인 혹은 만성적인 미루기꾼은 아닐 것이다. 그럼에도 불구하고 페라리라는 심리학자의 추측에 의하면 거의 20% 정도의 사람들이 이 범주에 속한다고 한다. 위 질문에 총점이 36점 이상이라면 그렇다고 볼 수 있을지 모르겠다. 사실 이 글을 쓰게 된 배경도 필자가 원고 마감일을 지키지 못하고 부리나케 쓰면서 '나는 왜 그럴까?', '미루기의 심리적 기제가 무엇일까?' 등이 궁금해서였다. 필자도 사실 상습적으로 미루는 습관을 깨지 못하고 있기 때문이다. 관련된 생각과 연구 결과를 이야기해 보자.

미루기는 나쁜 행동일까?

첫째로, 미루기가 나쁜 행동은 아니라는 주장이 가능하다. 말하자면 뭐라그 해도 미루기가 아주 나쁜 습관은 아니고 더구나 도움이 될 수도 있는 행동이라고 둘러댈 수도 있다. 일을 언제 완료하는가보다는 잘하는 게 중요하고, 결국 늦게라도 하기는 했으니 말이다. 어떤 사람들은 시간적인 압박이 있을 때 일을 더 잘할 수 있다고 주장도 한다. 필자도 글을 쓸 때 미리미리 계획에 맞춰 준비하며 집필 작업에 착수하지 않는다. 우선 주제를 생각하고, 그 내용을 어떻게 어떤 순서로 풀어갈지 머릿속에서 만들다 지우기를 반복하고 다시 구성하기도 한다. 그러다 결국 마감일까지 미루거나 넘기고 급하게 마무리를 지은 후 "휴"하고 한숨을 쉬는 게 보통이다. 그래도 마무리는 했다는 만족감과 함께.

하지만 이런 주장은 교묘하게 장점만 부각시킨 인상을 지울 수 없다. 지연이나 미루는 습관의 결과가 경우에 따라서는 본인에게 자기기만적이고 치명적일 수 있기 때문이다. 리포트 제출이 늦어 감점을 받는 학생이나 나쁜 업무 고과를 받게 되는 직장인을 보면 명확해진다. 솔직히 고백하면, 필자도 집필을 미루다 급하게 쓴 글을 다시 읽으며 자괴감에 빠진 적이 한두 번이 아니다. "어떻게 저렇게 글을 썼을까, 문법도 맞지 않고 내용도 횡설수설이고 등등" 전문적인 작가가 아닌 필자로서는 글을 쓰고 다시 읽고 고치고 하며 완성도 높은 글을 위해 미리미리 준비하며 초고, 재고, 삼고를 거쳐야 하는데 말이다. 필자도 지연의 대가를 톡톡히 치르고 있는 셈이다.

미루기는 시간 관리의 실패?

미루기 행동을 단순히 시간 관리의 문제로 생각할 수도 있다. 모든 활동에는 효용성이 있으며, 당장 해야 되는 것들은 하기 쉽거나 즐겁기에 먼저 하고, 마감일이 돼서야 하기 힘든 과제가 중요해질 수 있기 때문이다. 필자도 당장 해야 할 일들을 우선하다 보니 늦어지고 지연된 것이라고, 말하자면 시간 관리를 잘못한 것에 지나지 않는다고 생각할 수 있다. 이렇게 생각하면, 미루기는 잘못된 시간 관리의 문제이기에 그리 심각하게 여길 필요가 없어 보인다. 하지만 미루기가 단순히 시간 관리의 실패일까?

바움마이스터라는 심리학자는 한 학기 동안 대학생들의 미루기 행동, 학업 수행, 스트레스, 전반적인 건강 상태 등을 추적하여 측정하였다고 한다. 흥미롭게도, 초기에는 미루기 정도가 높은 학생에게서 스트레스가 낮았다고 한다. 아마도 일을 미루고 즐거운 여러 활동을 한 것이기 때문이라고 해석할 수 있을 것이다. 그런데 기말에는 미루기의 대가가 일시적인 이득을 능가했다고 한다. 미루기꾼들이 다른 학생들보다 낮은 평점을 받았고 높은 스트레스와 나쁜 건강 상태를 보였다고 한다. 일도 마무리하지 못하고 심리적, 신체적 안녕감에 고통을 받게 된 것이다. 핸드폰과 같은 장치를 통해 대학생들의 매일의 생활 속에서의 미루기 행동과 정서 상태를 온라인으로 추적한 연구도 비슷한 결과를 보여주고 있다. 준비해야 할 과제가 힘들어질수록 스트레스가 높아지고, 그러면서도 일하기는 미루고 다른 재미나는 행동에 빠졌다고 하는데, 흥미롭게도 이들은 높은 수준의 죄책감도 느꼈다고 한다. 말하자면 이들도 현재하는 재미나는 일이 해를 끼친다는 것을 알고 있으면서도 빠져나오지 못하고 있다는 것이다. 필자도 한때 농담 삼아 잘 알려진 격언인 "오늘 할 일을 내일로 미루지 말라"를 "오늘 할 일을 내일로 미루면 기분이 좋아질 것이다"로 바꿔 쓴 적이 있다. 당장의 힘든 과정을 회피한 것이다.

| 미루기가 단순히 시간 관리의 실패라고 할 수 있을까?

이러한 연구 결과들은 미루기가 단순히 시간 관리의 실패는 아니

며, 정서 과정, 자기-통제, 충동성과 같은 성격 특성 등과 함께 작용하는 복잡한 과정임을 보여준다. 그리고 미루기가 자기 기만적이며, 최선을 다하는 행동을 약화시키는 부적응적인 생활 방식이라는 점을 명확히 해준다. 신경심리학적 연구 결과도 마찬가지다. 우리의 대뇌에 전전두엽은, 일을 계획하고 잘 되는지 확인하면 완수하는 기능을 담당하는 것으로 알려졌다. 이를 보통 심리학자들은 집행 기능(executive functioning)이라고 부른다. 라빈과 동료들은 212명의 학생을 대상으로 학업과 관련된 미루기와 충동성, 자기 점검, 계획 세우기, 활동 전환, 과업 시작과 점검, 정서 통제, 작업 기억, 질서 정연함과 같은 아홉 가지 집행기능을 함께 측정하고 관련성을 살펴보았다고 한다. 놀랍게도 미루기는 이 아홉 가지와 모두 의미 있는 관련성을 보였다고 한다. 물론 이들 관계가 인과관계가 아닌 상관관계이지만 미루기가 "아주 미묘한 집행기능 장애"의 표현일 수 있다는 가능성을 시사한다.

미루기의 굴레에서 벗어나는 법

그러면 어떻게 미루기의 굴레에서 벗어나야 할까? 해야 할 일 전체를 다루기 쉽도록 작게 나누어 미루지 말고 즉각 수행할 수도 있을 것이다. 당장의 만족을 장기적인 목표와 타협하는 인식도 중요할 것이다. 외부에서 주어진 마감을 스스로 관여하는 자신만의 마감일로 바꾸는 작업도 효과가 있다고 한다. 즉각적인 만족이나 감정의 유혹을 벗어나기 위해, 해야 할 과제들이 갖는 긍정적이며, 가치 있는 것을 찾을 수도 있으며, 특히 일이나 과제가 갖는 사적인 의미를 찾을 수도 있을 것이다. 앞으로의 연구를 기대해 본다.

| 연구 결과들은 미루기가 단순히 시간 관리의 실패는 아니며, 정서 과정, 자기-통제, 충동성과 같은 성격 특성 등과 함께 작용하는 복잡한 과정임을 보여준다.

보는 것이 행동하는 것?

행동 유도성

| 귀여운 곰 인형을 보면 자신도 모르게 손을 뻗어 쓰다듬게 되는 경우가 많다. 그래서 그런 인형 앞에는 "만지지 말고 눈으로 봐 주세요"란 애교 섞인 글이 붙어 있는 게 보통이다.

여러분이 백화점의 인형 가게 앞을 지나간다고 하자. 앞쪽에 있는 그림과 같은 곰 인형을 보게 된다면 어떻게 할까? 자신도 모르게 손을 뻗어 쓰다듬게 될 것이다. 그래서 그런 인형 앞에는 "만지지 말고 눈으로 봐 주세요"란 애교 섞인 글이 붙어 있는 게 보통이다. 여기서 잠깐 생각. 이 사례가 주는 시사점이 무엇일까? 왜 만진 것일까? 어떤 사물을 보자마자 우리가 그 대상에 대해 어떻게 행동할 것인가가 정해진다는 것일까? 이 글에서는 지각과 행위가 연결되는 과정을 얘기해 보자.

다른 예로 여러분이 합판으로 된 벽 옆을 지나가다 머리 높이 정도에 구멍이 있다면 어떻게 하겠는가? 당연히 눈을 대고 들여다볼 것이다. 허리 높이 정도에 구멍이 있다면? 합판 밑 부분에 구멍이 있다면? 아마도 허리 높이라면 손을 집어넣어 볼 것이고, 밑에 있는 구멍이라면 발을 밀어 넣을지 모르겠다. 말하자면 구멍의 물리적 위치를 보고 이에 대응하는 행위가 자연스럽게 나타난다는 것이다. 보통 사람들의 인지 활동은, 외부 사물을 눈이나 귀와 같은 감각기관을 통해 받아들이고 우리 머릿속에 있는 정보로 해석한 후, 즉 지각한 후 그에 맞춰 행동이 일어난다고 생각한다. 즉, '감각-지각-기억-행동'이라는 순서를 생각하게 되지만 위의 두 예는 이러한 과정들, 즉 정보처리 과정들이 필요 없다는 것을 보여 준다. 사물에 대한 지각이 즉각적이고 직접적으로 행위와 연결될 수 있다는 '지각-행위'의 연결을 보여주는 것이다.

행동 유도성

심리학자인 깁슨(J. J. Gibson)은 이러한 행위 가능성을 아주 일찍 깨달았다. 그리고 이를 '어포던스(affordance)'라는 용어를 써 표현했다. '제공하다', '여유가 되다'를 나타내는 영어 단어 'afford'를 가지고 새로운 단어를 만든 모양이다. 그리고 이를 우리로 하여금 특정한 한 행위를 하도록 하는, 즉 허용하는 사물이나 환경의 특질을 의미하는 것으로 사용했다. 말하자면 환경에 내재된 행위 가능성으로 정의를 내린 것이며, 이는 객관적으로 측정 가능한 속성으로 여겼다. 앞서 예로 들었던 것처럼, 부드러운 곰 인형은 우리로 하여금 자동적으로 쓰다듬는 행위를 유도하게 된다. 직역이 쉽지 않아 필자와 동료들은 우리로 하여금 특정한 방식으로 행동하게 한다는 의미에서 '행동 유도성'이라고 풀어쓴 적이 있다.

인간과 사물의 상호작용

이 행동 유도성이라는 개념의 실용적인 유용성을 꿰뚫어 본 심리학자가 바로 노만(D. Norman)이며, 인간-기계 혹은 인간-컴퓨터 상호작용(human-machine, human-computer interaction)에 즉 기계나 일상용품의 디자인에 유용하게 사용될 수 있음을 여러 예로 보여주고 있다. 사실 생활용품을 사용할 때 생기는 어려움은 적절한 행동 유도성을 갖도록 디자인함으로써 해결될 수 있다. 다음 그림이 좋은 행동 유도성 디자인의 예이다. 왼쪽 문의 경우 문에 길고 얇은 판을 붙여 놔, 자연스럽게

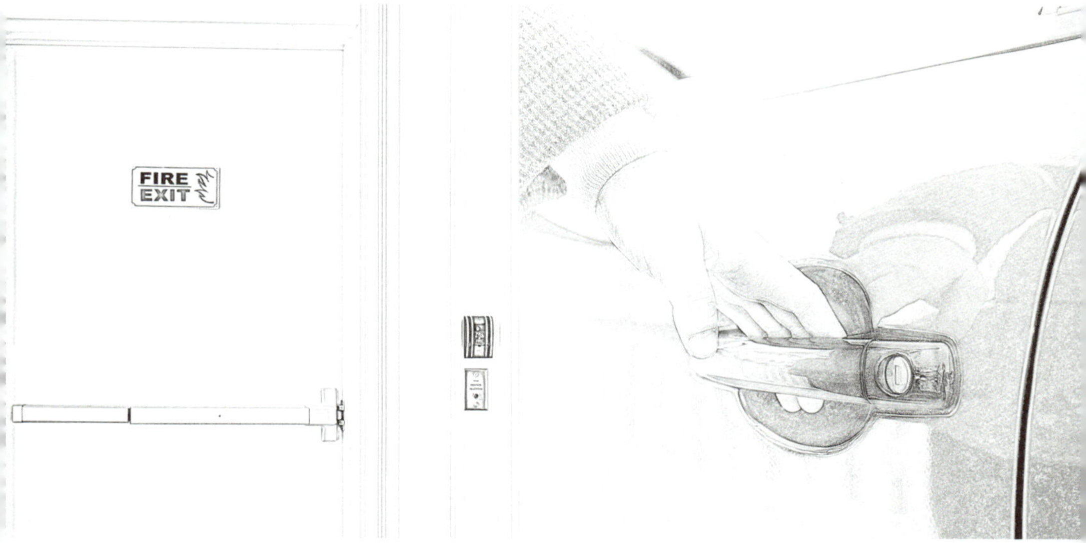

| 왼쪽 문의 경우 자연스럽게 '미는' 행위를 유도하고, 오른쪽 그림의 경우 수평 손잡이에 손을 넣어 잡아당기도록 유도한다.

'미는' 행위를 유도하고, 오른쪽 그림의 경우 수직 손잡이를 만들어 손을 넣어 잡아당기도록 유도한다. 행동 유도성을 이용한 좋은 디자인과 그렇지 못한 디자인의 예에 관심 있는 독자들은 아래 참고문헌에 언급한 노만의 번역한 책을 참조하길 바란다.

지각이 곧 행위?

마지막으로 지각이 바뀌면 행동이 바뀔 수 있다는 것을 보여주는 최근 실험 결과를 얘기해 보자. 위트와 동료들은 36명의 피험자에게 지름 5.08cm 되는 구멍에 골프 퍼팅을 하도록 하였으며, 이 구멍에 위에서 프로젝터로 3.8cm 혹은 28cm 원 모양을 투사했다고 한다. 이미 알고 있는 독자들도 있겠지만 이렇게 하면, 원래의 구멍 크기가 착시 현상을 일으킨다. 아래 그림에서 제시한 것처럼 같은 가운데 원이 주변 원의 크기에 따라 더 작게 혹은 크게 보인다. 잘 알려진 에빙하우스 착시 현상이다. 그리고 3.5m 떨어진 위치에서 10개의 퍼팅을 하도록 하였다.

| 에빙하우스 착시 현상

어떤 결과가 나왔을까? 흥미롭게도 큰 크기로 착시를 일으킨 홀이 17%의 성공률을 보여 작게 착시가 일어난 홀의 10% 성공률보다 높게 나왔다고 한다. 말하자면 실제 크기와는 관계없이 크게 보이는 홀에 퍼팅을 더 잘한 게 되는 것이고, 우리가 본 것이, 즉 지각한 것이 바로 행동과 연결되고 있다는 것을 보여주는 결과이다. 왜 이런 결과가 나왔을까? 크게 보이니까 더 자신 있고 강하게 퍼팅을 하게 되고 그러

다 보니 성공률이 높아진 것이 아닐까 추측할 수 있다. 글쎄 이 연구 결과를 골프 스윙에서 가장 어렵다는 퍼팅 연습에 어떻게 적용할 수 있을지 모르겠다. 하지만 교훈은 명확하다. 결국, 행동은 지각의 문제일 수 있다. 우리는 보통 행위가 기억과 사고의 결과물인 것처럼 여기는데, 오히려 지각을 바꾸어 행위를 바꿀 수도 있을지 모르겠다. 실제 "오늘은 야구공이 배구공만 하게 보였어!"라는 홈런을 친 야구 선수들의 경험 고백이 이를 잘 웅변하고 있다. 앞으로의 관련된 연구를 기대해 본다.

얼굴 알아보고 기억해내기

얼굴 지각과 기억

| 사회적 동물인 인간이 다른 사람들의 얼굴을 잘 알아보고 기억할 수 있는 것은 어찌 보면 당연하다.

학교에서 걷다 보면 분명 아는 얼굴인데도 인사를 하지 않는 학생들이 꽤 있다. 여러 이유가 있겠지만, 필자가 자신의 얼굴을 알아보지 못할 것이라고 여기고 그냥 지나치는 것은 아닐까. 그래서 필자는 늘 수업에서 여러분의 이름은 외우지 못하겠지만, 얼굴은 분명히 기억할 것이라고 말한다. 그리고 이는 필자만의 특별한 능력이 아니라, 인간의 인지 능력 중 특히 사람 얼굴에 대한 지각과 기억 능력이 뛰어나기 때문이라고 덧붙인다. 이 글에서는 우리 인간의 얼굴 지각과 기억을 이야기해 보자.

사람의 얼굴 잘 기억하나요?

실제로 필자는 오랜 세월이 지났는데도 우연히 마주친 군대 시절의 동료를 알아본 경험이 있다. 몇 년 전 어느 회사 건물 승강기 앞에서 기다리고 있던 중년 남자분과 잠시 눈이 마주쳤는데 얼굴이 낯이 익었다. 그리 사교적이지 못한 필자라 속으로만 어디서 봤지 하면서 머리를 굴리고 있는데, 그분 역시 같은 모양인지 와서 말을 걸기 시작했고, 왜 서로 낯이 익는지, 고향부터, 다녔던 학교까지 맞춰보기 시작했는데 어느 것도 겹쳐지는 부분이 없었다. 그러다 그 양반이 "아! 같은 부대에 있었지"하고 기억해 냈다. 얘기를 나누다 보니, 필자가 제대를 얼마 남겨놓지 않았을 때 그분이 신병으로 부대에 전입해 와 아주 짧은 기간 동안같이 내무반 생활을 했다는 것이다. 그래서 필자가 기억해내지 못한 것일까. 거의 20여 년 전에 잠시 봤으며, 그 후 전혀 만났던 적이 없는 사람의 얼굴을 알아본 것이다. 기억에 관심을 갖고 있는 심리학자인 필자로서도 신기한 경험이었다.

사회적 동물인 인간이 다른 사람들의 얼굴을 잘 알아보고 기억할 수 있는 것은 어찌 보면 당연하다. 접하게 되는 많은 사람의 얼굴을 구별하지 못하고, 더구나 얼굴을 보며 그 사람에 관한 정보를 기억해 내지 못한다면 아마 사회생활 자체가 불가능하기 때문이다. 물론 우리도 사람 얼굴 알아보기에 실패하는 경우도 있다. 필자도 최근 만나리라고 기대하지 않았던 사람을 잘못 알아본 경험이 있다. 만나 반갑게 인사하고 그 사람이 내가 알고 있는 다른 사람으로 착각하고 잘못된 얘기를 꺼낸 것이다. 상대방과 필자 모두 잠시 동안 황당해 하면서.

뇌에 들어 있는 얼굴 기억 장치

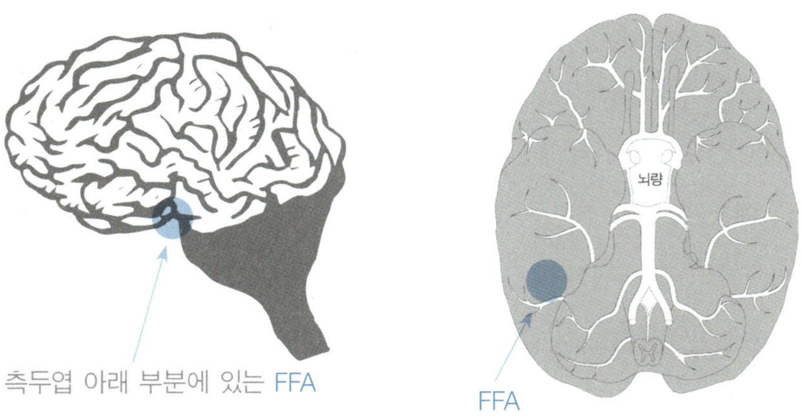

얼굴을 인식하는 영역

| 뇌에서 얼굴을 인식하는 영역이 손상되면 얼굴인식불능증에 빠진다는 주장이 있다.

여하튼 심리학자들은 우리 인간의 경우 사람 얼굴을 알아보고 기억해내는 전문적인 장치가 있다고 추측한다. 이 전문 장치가 대뇌의 측두엽 아래에 있는 FFA(fusiform face area) 영역이라는 주장이 있다. 이 부분이 손상당하면 아래 그림으로 표현한 것처럼 얼굴인식불능증(prospagnosia)에 빠진다고 한다. 물론 이 주장에 대한 찬반 논란은 아직도 진행 중이다.

그런가 하면 얼굴지각이 특별하다는 직관적인 예시도 있다. 톰슨(Thompson)이라는 심리학자가 만든 아래 그림의 상단 좌측 사진을 보기 바란다. 누굴까? 모르겠으면 그 아래 사진을 보자. 최근 '철의 여인'이란 이름으로 영화화된 영국의 전 총리 마가렛 대처이다.

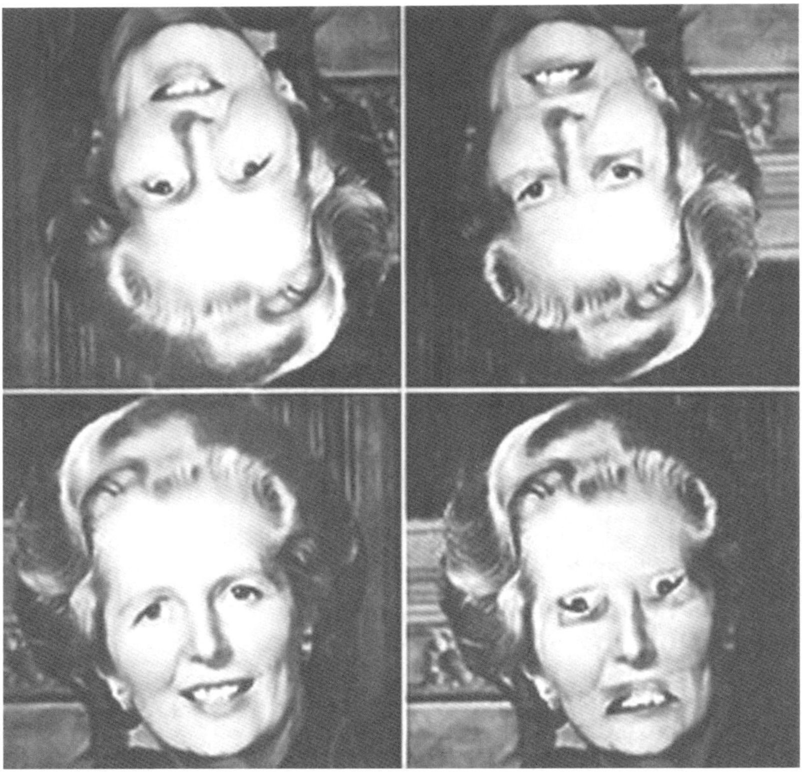

| 얼굴지각에 관한 직관적 예시

이 예에서 알 수 있듯이 흥미롭게도 사람들은 위아래 바뀐 사진으로는 사람 얼굴을 잘 알아보지 못한다고 한다. 여러분도 갖고 있는 사진들로 친구들에게 실험해 보길 바란다. 이번에는 우측 상단 사진을 보자. 표정을 읽을 수 있는지 모르겠다. 웃는 얼굴? 화난 얼굴? 표정을 읽기가 쉽지 않을 것이다. 그러면 다시 왼쪽 두 사진을 보자. 정상적인 좌측 하단 사진에서는 웃는 모습을 확실히 읽을 수 있으나, 좌측 상단 사진에서는 아무래도 명확하지 않음을 느낄 것이다. 우측 상단 사

진에서는 뭘 바꾼 것인지 찾아보길 바란다. 정답은 코만 빼놓고 두 눈과 입을 뒤집은 것이다. 뭐 이상하게 느낀 것은 없는가? 이젠 우측 하단 사진을 보면 갑자기 '기괴한 얼굴'이 보이게 될 것이다. 그런데 이 사진은 위의 사진을 제대로 바꾼 것에 불과하고 눈과 입은 동일하다.

사실 사람 얼굴들은 다 거기서 거기다. 전체적으로 타원형 안에 눈 두 개, 코 하나, 입 하나, 즉 네 개의 요소로 구성된다. 그러면서도 이 요소들이 각기 독특하기도 하고, 합쳐지며 전체적으로 특별한 모양을 만들어 낸다. 아마도 이런 과정에서 소위 미인이라는 얼굴 모습이 나타나는 것일 것이다. 여하튼 필자가 하고 싶은 말은 우리 인간의 경우 얼굴을 처리하는 특별한 장치, 즉 모듈(module, 단원)이 있다는 것이다. 사진 예를 보여주는 김에 오바마 대통령 사진으로 만든 다음 예도 보자. 제대로 된 사진과 잠시 기다려 아래위가 뒤바뀐 사진을 보길 바란다. 볼수록 재미나고 신기하다.

| 아래위가 바뀐 오바마 대통령 사진(좌)과 제대로 된 모습(우)

여자가 남자보다 얼굴을 더 잘 기억한다

마지막으로 얼굴 기억과 관련된 최근 연구 예를 소개한다. 뛰어난 얼굴 지각과 기억 능력이 모든 인간에 보편적이기는 하지만 개인차가 없는 게 아니다. 필자의 지인 중의 한 분은 얼굴 재인에 아주 젬병이다. 서로 다른 TV 연속극에 나오는 같은 탤런트들을 구별하지 못할 정도니 말이다. 물론 최근 성형의 영향이기도 하겠지만. 그러면 얼굴 지각과 기억의 개인차는 어디서 생기는 것일까?

최근 Heisz와 동료 심리학자들은 120개의 얼굴 사진을 보여주고 그 얼굴들을 알아보는지, 즉 재인하는지 검사했다고 한다. 그리고 얼굴을 보는 어떤 과정이 차이를 일으키는지 알아보려고 각 얼굴 사진을 볼 때 일어나는 사람들의 눈동자 움직임을 함께 추적했다고 한다. 독자들도 알다시피 사진이나, 그림을 볼 때 우리는 일련의 눈고정(fixation)이 일어나기에 이 고정 시간과 사진 속에서의 위치(즉, 스캔패스 scanpath)를 추적 기록할 수 있다. 흥미로운 결과는 성별의 차가 일어났다는 것으로 여자들이 남자보다 뛰어난 얼굴 기억을 보였다고 한다. 그리고 이 차이는 눈고정의 횟수에서도 일어났다고 한다. 말하자면 여자들이 사진을 보며 훨씬 많은 눈고정으로 정보를 받아들이고, 즉 부호화하고 이것이 좋은 기억으로 남게 된 것이라고 해석할 수 있다.

이창우, 김영진, 박창호(역) (1996). 디자인과 인간심리. 학지사.

최광일(2006). 독서이해과정의 개인차: 인지과제 수행과 안구운동 패턴. 아주대 학위 논문.

Bocanegra, B. B. & Zeelenberg, R. (2009). Emotion improves and impairs early vision. *Psychological Science, 20(6)*, 707-713.

Bransford, J. D., Brown, A. l., Cocking, R. R. (2000). *How people learn*. National Academic Press.

Domhoff, G. W. (2010). The Case for a Cognitive Theory of Dreams. http://www2.ucsc.edu/dreams/Library/domhoff_2010a.html

Dunlosky, J., Rawson, K. A., Marsh, E. J., Nathan M. J., & Willingham, D. T.(2013). Improving students learning with effective learning techniques: Promising directions from cognitive and educational psychology. *Psychological Science in the Public Interest, 14*, 4-58.

Ericsson, K. A., Prietula, M. J., & Cokely, E. (2007). The making of an expert. *Harvard Business Review, July-August*. 115-121.

Friedman, W. & Janssen, S. M. J. (2010). Aging and the speed of time. *Acta Psychologica, 134*, 130-141.

Heisz, J. J., Pottruff, M. M., & Shore, D. I.(2013). Females scan more than males: A potential mechanism for sex differences in recognition memory. *Psychological Science* Online First.

Holzel, B. K., Lazar, S. W., Gard, Schman-Olver, Z., Vago, D., Ott, U.(2011). How Does Mindfulness Meditation Work? Proposing Mechanisms of Action From a Conceptual and neural perspective. *Perspectives on Psychological Science, 6*, 537-559.

Karpicke, J. D., & Roediger III, H. L. (2008). The critical importance of retrieval for Dearning. *Science, 319*, 966-968.

Moser, J. S., Schroder, H. S., Heeter, C., Moran, T. P., & Lee. Y. (2011). Mind your errors: Evidence for a neural mechanism linking growth mind-set to adaptive posterror adjustments. *Psychological Science*(online version).

Dweck, C. S. (2006). *Mind-set: The new psychology of success*. NewYork, NY: Random House.

Plassmann, H., O'Doherty, J., Shiv, B., & Rangel, A.(2008). Marketing actions can modulate neural representations of expressed pleasantness. *PNAS*, 1050-1054.

Rabin, *L. A. Nutter-Upham*, K. E. (2011). Academic procrastination in college students: The role of self-reported executive function. *Journal of Clinical and Experimental Neuropsychology, 33,* 344-357.

Rye, M. A., & Rawson, K. A. (2010). Why testing improves memory: mediator effectiveness hypothesis. *Science, 330*, 335-335.

Richards, J. (2004). The cognitive consequences of concealing feelings. *Current Directions in Psychological Science*, *13*, 131-134.

Sawyer, R. K. (2006). The Cambridge handbook of learning sciences. New York: Cambridge University Press.

Schachter, D. L., Gilbert, D., & Wegner, D. (2011). *Psychology*. New York: Worth Publishers.

Schachter, D. L., Gilbert, D., & Wegner, D. (2009). (2nd, ed.) *Psychology*. New York: Worth Publishers.

Simonton, D. K. (2000). Methodological and theoretical orientation and long-term disciplinary impact of 54 eminent psychologists. *Review of General Psychology, 4,* 13-24.

Witt, J. K., S. A. Linkenauger, & D. R. Profftt (2012). Get me out of this slump! Visual illusions improve sports performance. *Psychological Science* Online First.

| 찾아보기 |

ㅇ

ㅈ

일상의
심리학

1판 1쇄 발행 2016년 11월 20일
1판 2쇄 발행 2021년 3월 26일

지 은 이 김 영 진
꾸 민 이 이 사 랑
펴 낸 이 김 정 희
펴 낸 곳 맵씨터
등 록 제2002-0000026호
주 소 서울시 성동구 아차산로49, 404호(성수동1가, 서울숲코오롱디지털타워3차)
전 화 02-464-7708
팩 스 02-499-0846
이 메 일 hkm7708@hanmail.net
홈페이지 http://hph.co.kr

ISBN 979-11-85923-17-8 03180

이 도서의 국립중앙도서관 출판예정도서목록(CIP)은 서지정보유통지원시스템 홈페이지(http://seoji.nl.go.kr)와 국가자료공동목록시스템(http://www.nl.go.kr/kolisnet)에서 이용하실 수 있습니다.
(CIP제어번호 : 2016025847)

"한국출판문화산업진흥원 2016년 우수출판콘텐츠 제작 지원 사업 선정작입니다."